Peter Dinzelbacher

Die letzten Dinge

HERDER / SPEKTRUM

Band 4715

Das Buch

Bewußtsein und Alltag des mittelalterlichen Menschen waren durch die Dynamik des Jenseitsglaubens bestimmt, im Guten wie im Schlechten: Aus Angst vor Höllenstrafe oder Fegefeuer oder in der Hoffnung auf einen gnädigen Richter wurden im Mittelalter Arme gespeist, Spitäler errichtet, Wallfahrten unternommen und Kirchen gebaut. Aus dem gleichen Grund wurden auch Kriege und Kreuzzüge geführt, Hexen gefoltert und Ketzer verbrannt. Der *„dies irae"*, der Tag der Rache Gottes, war Fluchtpunkt im Leben eines jeden Menschen. Peter Dinzelbacher macht für den heutigen Leser diese als gottgegeben vorgestellte Ordnung noch einmal lebendig und anschaulich. Aufgrund historischer Fakten und anschaulicher Beispiele führt er dem Leser eine bunte und farbige Welt vor Augen. Das Buch führt, soweit zum Verständnis nötig, auch ein in die Lehren der Theologie und die Vorstellungen des Volksglaubens, durch die Angst und Hoffnung genährt wurden und den Menschen durch Kirchenbilder, Predigten und in Gebeten stets vor Augen geführt wurden. Ein spannendes Buch, das rechtzeitig zur Jahrtausendwende in eine geistige Welt einführt, die noch für die meisten unsere Groß- und Urgroßeltern lebendiger Alltag war.

Der Autor

Peter *Dinzelbacher*, geboren in Linz a. d. Donau, promovierte 1973 in Wien zum Dr. phil. und habilitierte sich 1978 in Stuttgart. Seine Publikationen, die eine fächerverbindende Mittelalterforschung anstreben, beschäftigen sich besonders mit der Religiosität jener Zeit. Lehrt heute als Honorarprofessor an der Universität Wien.

Peter Dinzelbacher

Die letzten Dinge

Himmel, Hölle, Fegefeuer
im Mittelalter

Herder

Freiburg · Basel · Wien

Gedruckt auf umweltfreundlichem,
chlorfrei gebleichtem Papier

Alle Rechte vorbehalten – Printed in Germany
© Verlag Herder Freiburg im Breisgau 1999
Satz: Fotosetzerei G. Scheydecker, Freiburg im Breisgau
Herstellung: Freiburger Graphische Betriebe 1999
Umschlaggestaltung: Joseph Pölzelbauer
Umschlagmotiv: Jan Mandyn: Versuchung des Hl. Antonius, um 1540;
© Schweizerisches Landesmuseum, Zürich
ISBN 3-451-04715-2

„Sende dein Herz in die andere Welt, in den Himmel, in die Hölle und in das Fegefeuer. Und da wirst du sehen, was gut und was böse ist. In der Hölle wirst du mehr Sorge sehen, als der Mensch sich vorstellen kann. Im Fegefeuer mehr Qual, als der Mensch ertragen kann. Im Paradies mehr Freude, als der Mensch ersehnen kann."

Aus dem mittelenglischen Traktat *The Toure off All Toures* (Matsuda 110).

Inhalt

Einleitung 9

Skizze der Kosmologie 13
    Weltentstehung 15
    Weltbau 18
    Weltuntergang 28

Tod, Seelenreise und Gericht 31
    Tod 31
    Seelenreise 38
    Persönliches Gericht 47

Himmel 59

Irdisches Paradies 73
    Schlaraffenland 84

Fegefeuer 89
    Irdische Purgatorien 93
    Unterirdische Purgatorien 100

Vorhöllen 119
    Limbus Patrum 119
    Limbus Puerorum 121

Hölle 127
    Wer kommt in die Hölle? 131
    „Tod ohne Tod" 139
    Liebeshöllen 151

Weltgericht und Auferstehung 155

Deutungen 171

Ausblick auf die Neuzeit 177

Anstelle eines Nachworts 187

Anmerkungen 189

Abkürzungen 203

Literaturverzeichnis 205

Einleitung

Ein im 13. Jahrhundert im Elsaß aufgezeichnetes Lied, das die Toten auf dem Friedhof singen, wenn sie nächtens mit Fackeln über die Gräber wandeln, lautet: „Wäre ich da zu Kurtzheim, wie ich nun bin zu Langheim, so wollt' ich vor meinem Ende viel Gutes für mich vorsehen"[1]. Kurtzheim, das ist das vergängliche Heim dieser Welt; hier für das Schicksal ihrer Seelen nach dem Tode nicht hinreichend vorgesorgt zu haben klagen die Geister. Denn nun sind sie in Langheim, der ewig dauernden anderen Welt. Von dieser Spannung zwischen Diesseits und Jenseits, kann man ohne Übertreibung sagen, war das religiöse Leben des Mittelalters zutiefst geprägt. Im späten Mittelalter sprach man von den „Vier Letzten Dingen", um Tod, Gericht, Himmel und Hölle, also das Insgesamt der eschatologischen Erwartungen, zusammenzufassen.

In auffälligem Gegensatz zum heutigen Christentum, dessen Theologen die Vier Letzten Dinge regelmäßig in die Sphäre des Unwißbaren abschieben, wußte man im Mittelalter freilich sehr genau Bescheid, was in den Reichen über und unter der Erde vor sich ging. Eine Fülle von Beschreibungen kursierte dazu, unzählige Bilder machten die unsichtbare Welt sichtbar. Hauptquelle für die mittelalterlichen Jenseitsvorstellungen war die *Bibel* und andere Schriften aus der Zeit um Christus, die man zwar nicht offiziell anerkannte, die aber trotzdem weit verbreitet waren, die sog. Apokryphen. Dazu kamen die Berichte von ekstatischen Seelenreisen, wie sie in der reichen Visionsliteratur der Epoche in Latein und den Volkssprachen aufgezeichnet wurden und von dort in Predigten, Legendare, Geschichtswerke, Erbauungsbücher usw. übernommen wurden. Auch MystikerInnen wie Mechthild von Magdeburg, Gertrud von Helfta, Mechthild von Ha[c]keborn, Agnes Blannbekin, Friedrich Sunder, Christine und Margareta Ebner, Heinrich Seuse u. a. hatten manches von der anderen Welt zu berichten.

Es war wirklich eine andere Welt mit anderen Gesetzen, wie neben der Visionsliteratur nicht zuletzt jene Geschichten illustrierten, die davon erzählen, wie dort die Zeit ganz anders verfließt als in dieser Welt[2]. Die weit verbreiteten Erzählungen vom „Bräutigam im Himmel" und vom „Bruder Felix" handeln von Entrückungen ins Paradies, die dem, der sie erlebt, nur wie eine Jahresfrist vorkommen. Wenn er jedoch in die Menschenwelt zurückkehrt, sind Hunderte Jahre vergangen. Eine Stunde den Vöglein des Paradieses zuzuhören entspricht 340 Erdenjahren, predigte in der ersten Hälfte des 14. Jahrhunderts der süddeutsche Minorit Greculus[3]. Als Christus fast 33 Jahre auf der Erde weilte, so ein Zeitgenosse, der fromme Dichter Heinrich von Neustadt, bemerkten die Engel im Himmel seine Abwesenheit ob ihres anderen Zeitempfindens fast gar nicht[4].

Es darf den Leser nicht verwundern, wenn in der folgenden Darstellung Hölle und Fegefeuer mehr Raum einnehmen als Himmel und Paradies. Dies entspricht schlichtweg der Mentalität der Zeit, die deutlich mehr von Jenseitsangst als von Vorfreude auf das Himmelreich geprägt war. Das ergibt sich aus vielen Hinweisen. So hat z. B. eine Analyse der spätmittelalterlichen Predigten in Nordfrankreich gezeigt, daß Tod und Teufel, Weltgericht, Hölle und Fegefeuer von den Kanzelrednern etwa dreißigmal häufiger behandelt wurden als Himmel und Paradies[5]. Oder: Die für die Ausbildung der Vorstellungen von der anderen Welt überaus wichtige Textsorte der Jenseitsvisionen ist in der Regel so gestaltet, daß die Stätten der Unterwelt wesentlich ausführlicher und detailreicher beschrieben werden als die Gnadenorte[6]. Auch die Darstellungen des Endgerichts waren regelmäßig viel mehr von Angst als von freudiger Erwartung geprägt[7].

Bei der folgenden Darstellung konnte ich mich vielfach auf eigene frühere Forschungen und Publikationen stützen, wie sie im Literaturverzeichnis angegeben sind und denen ich oft wörtlich folge. Trotzdem wird auch der Kenner der mittelalterlichen Jenseitsvorstellungen, glaube ich versprechen zu dürfen, das eine oder andere Neue finden. Denn die mittelalterlichen Text- und Bildquellen über Himmel, Hölle und Fegefeuer sind unerschöpflich reich und trotz der Wiederkehr bestimmter Züge ungemein vielfältig – ein Zeugnis dafür, wie sehr sich die Menschen jener Epoche mit der anderen Welt beschäftigt haben. So habe ich absichtlich oft weniger bekannte, aber durchaus zeittypische Quellen zu Wort kommen lassen. Fast alle diese Texte wurden im folgenden von mir aus den mittelalterlichen Originalen übertragen; wo ich ausnahmsweise eine bestehende Übersetzung zitiere, ist dies in den Anmerkungen nachgewiesen.

Der eine oder andere Leser mag sich vielleicht fragen, warum jene faszinierende Dichtung, die die Summe mittelalterlicher Jenseitsvorstellungen bietet, hier nicht näher herangezogen wurde, die *Göttliche Komödie* des Dante Alighieri aus dem frühen 14. Jahrhundert. Dies hat zwei Gründe: Einerseits ist Dante durch zahlreiche Übersetzungen auch ins Deutsche seit dem 18. Jahrhundert nördlich der Alpen einigermaßen verbreitet (wogegen er hierzulande im Mittelalter völlig unbekannt blieb). Andererseits aber trägt dieser Text in jedem Vers so zahlreiche mythologische, theologische, astrologische usf. Anspielungen, daß er wirklich verständlich nur mit einer ausführlichen Kommentierung im Rahmen des Gesamtwerks wird. Dies konnte aber nicht Ziel des vorliegenden Bandes sein. Doch sei die Lektüre der *Divina Commedia* jedem ans Herz gelegt, der sich noch eingehender mit den Gedanken des Mittelalters über die andere Welt auseinandersetzen möchte. Das Literaturverzeichnis S. 191 ff. nennt zahlreiche Bücher und Aufsätze, die dabei hilfreich sein werden.

Skizze der Kosmologie

Um über Himmel, Hölle, Fegefeuer und Paradies im Mittelalter zu sprechen, ist es zuerst nötig, sich ein Bild vom Aufbau des Kosmos überhaupt zu machen, denn diese Reiche gehörten nach damaliger Vorstellung durchaus *in* diese Welt. Dabei stellt sich die Frage nach den Traditionen des mittelalterlichen Weltbildes, das ja nicht ausschließlich vom Christentum geformt war. Infrage kommen v. a. die Vorstellungen der germanischen, keltischen und heidnisch-antiken Kulturen.

Vom Weltbild der Menschen unseres Kontinents vor der Durchsetzung des Christentums können wir uns nur ein sehr unvollkommenes Bild machen. Kelten und Germanen lebten in einer Gesellschaft, in denen solche Traditionen mündlich überliefert wurden, wo man über diese Dinge keine oder nur sehr spät Aufzeichnungen hinterließ. Die Autoren, die die nordgermanischen Mythen niederschrieben, waren allesamt Christen; daher ist heftig umstritten, was wirklich heidnische Überlieferung darstellt, was sie nach ihrer christlicher Bildung umformten oder was gar nur ihre gelehrte Spekulation bildete. Wie sich die Kelten den Weltbau vorstellten, davon gibt es fast keine Zeugnisse. Gut dagegen ist die Kosmologie der Griechen und Römer bekannt, wenigstens seit der Zeit, als die homerischen Epen aufgezeichnet wurden. Diese Konzeptionen sollten das Weltbild der Gebildeten auch nach der Christianisierung entscheidend beeinflussen. Noch prägender für das alte Europa wurden aber die Anschauungen, die im Judentum entwickelt worden waren und die auch die christliche *Bibel* enthält. Den bedeutendsten Anteil nicht an der allgemeinen Kosmologie, aber an der Gestaltung der Lohn- und Straforte für die Toten haben aber wohl die apokryphen Traditionen gehabt, mit denen ägyptische, syrische und andere Jenseitserwartungen ins Christentum eingingen. Apokryphen oder Pseudepigraphen nennt man religiöse Texte, die v. a. in den 200 Jahren vor und den 200 Jahren nach Christus im jüdisch-christlichen Bereich im Umlauf waren, aber nicht in die offizielle *Bibel* aufgenommen wurden. Es gibt zahlreiche weitere Testamente, Evangelien, Briefe usf., die angeblich auf biblische Personen zurückgehen. Namentlich die vielen apokryphen Apokalypsen haben die späteren Jenseitsvorstellungen tief beeinflußt, zumal sie an Phantastik oft sogar die *Geheime Offenbarung* des Johannes übertreffen, den einzigen Text dieser Art, der Eingang in den biblischen Kanon gefunden hat.

Man muß sich freilich dessen bewußt sein: Für sehr viele dieser Aufzeichnungen gilt, daß sie die Überlegungen der Intellektuellen wiedergeben oder jedenfalls von ihnen formulierte Volkstraditionen, wogegen nur sehr gelegentliche Hinweise existieren, wie die Ungelehrten, die Leute aus dem „Volk", sich den Kosmos vorstellten, wenn sie überhaupt darüber nachdachten. Sicher ist anzunehmen, daß es in jeder Ethnie unterschiedliche, konkurrierende Weltbilder gab. Eine Normierung erfolgte erst, als eine Führungsschicht in der europäischen Gesellschaft das Monopol der Weltdeutung für sich beanspruchte und diesen Anspruch auch durchsetzen konnte: Die christliche Kirche ließ kein anderes Weltbild gelten als eines, das sich an den biblischen Schilderungen ausrichtete (was Andersdenkenden widerfuhr, ist am Beispiel Galileis bekannt genug). Daher finden wir etwa seit der Karolingerzeit (8./9. Jh.), daß im Prinzip eine einheitlich-christliche Kosmologie von allen Gelehrten lateinischer Bildung geglaubt und vermittels Predigt und bildender Kunst auch den Ungelehrten als verbindlich vermittelt wurde. Dieses mittelalterliche Weltbild, das sich aus antiken und jüdisch-christlichen Komponenten zusammensetzte, keltische und germanische Vorstellungen aber nicht rezipierte, blieb bis ins 16. Jahrhundert so gut wie unangefochten.

Weltentstehung

Wohl alle Stämme oder Völker schufen sich Mythen, die erklären sollten, wie die Welt, in der sie lebten, geschaffen wurde. Dabei sind als Haupttypen zu beobachten: die Selbstentstehung aus einer undifferenzierten Urmaterie oder aus dem Nichts, die Schöpfung durch die Handlung oder das Wort einer Gottheit, die geschlechtliche Zeugung durch ein Welteltempaar.

Einer der ältesten Texte Europas, Hesiods *Theogonie* (um 700 v. Chr.), bezeugt für die Griechen die Vorstellung eines ursprünglichen Chaos, einer völligen Leere vor der Existenz der Welt. Aus dem Chaos entsprangen Nacht und Finsternis und in der Folge alles Seiende. Ovid verstand das Chaos als dunkle, gärende Masse der vier Elemente, die ein unbekannter Gott dann, nicht unähnlich dem Jahwe der *Genesis*, trennte und ordnete. Die Gelehrten schlugen verschiedene kosmogonische Modelle vor: Die einen sagten, alles entstehe aus dem Feuer wie Anaxagoras, andere aus der Feuchtigkeit wie Thales von Milet, weshalb der Ozean der Vater der Dinge sei. Andere aus den vier Elementen wie Empedokles.

Die germanische Mythologie erweist sich als um einiges phantasievoller (oder genauer: die altnordische, denn ob die Konzeptionen der heidnischen Skandinavier so auch von den Südgermanen geglaubt wurden, läßt sich nicht beweisen). Am Anbeginn waren nicht Sand noch See noch Woge, nicht Erde noch Himmel, nur gähnende Kluft. Als der Norden mit seinen Eismassen und der Süden mit seinem Feuer zusammentrafen, erhob sich aus dem ewigen und unerschaffenen Urstoff der Reifriese Ymir; sein einer Fuß zeugte mit dem anderen Nachkommen; von diesen und Buri, einem von einer Kuh aus dem Eis geleckten Mann, stammen Odin und seine Brüder. Diese Götter töteten Ymir, dessen Blut das ganze Geschlecht der Reifriesen ertränkte, und schufen aus seinem Leib Himmel und Erde.

> „Aus Ymirs Fleisch ward die Erde geschaffen,
> Aus dem Blute das brausende Meer,
> Die Berge aus dem Gebein, die Bäume aus den Haaren,
> Aus dem Schädel das schimmernde Himmelsdach.
> Doch aus seinen Wimpern schufen weise Götter
> Midgard dem Menschengeschlecht;
> Aus dem Hirne endlich sind all die hartgesinnten
> Wetterwolken gemacht."[8]

Die altjüdischen Erzählungen der *Genesis* von der sechstägigen Schöpfungsarbeit Jahwes sind zu bekannt, um hier wiederholt zu werden; ein in der heute vorliegenden Form etwa im 9. vorchristlichen Jahrhundert formulierter altorientalischer Mythos wurde durch die Aufnahme in den biblischen Kanon auch im Christentum als göttliche Offenbarung bewertet, an die *buchstäblich* zu glauben bis vor kurzem als Dogma galt.

Wie leicht zu bemerken, haben alle diese Kosmogonien keinen Platz für eine Unterwelt, die der im christlichen Sinn ähneln würde, berühren auch, vom *Alten Testament* abgesehen, nicht die Überwelt, einen Himmel im christlichen Sinn. Daraus wird schon vorab deutlich, daß diese Verbleibsorte der Toten nirgends zur ältesten Schicht der Mythentradition gehören.

Die Erschaffung der Himmelssphären
(Mosaik, Monreale, 12. Jh.)

Weltbau

Die markantesten Gegensätze der traditionellen Kosmosvorstellungen zu den heutigen betreffen einerseits die Stellung der Erde im Weltall und andererseits die Lokalisierung des Jenseits. Überall glaubte man dem Augenschein entsprechend an die zentrale Stellung der Heimat der Menschen im Kosmos, um die sich alle anderen Himmelskörper herumzubewegen schienen. Die Totenreiche wurden im Gegensatz zu dem, was heute angenommen wird (falls man ihre Existenz überhaupt noch für möglich hält), vor der Aufklärung nicht als transzendent gedacht, sondern als Bestandteile des physikalischen Universums. Über- und Unterwelt waren *konkret*, nicht im übertragenen Sinn, über und unter der Erde zu finden.

Das altsemitische Weltbild kannte die drei Bereiche: im Himmel die Götter, in der Mitte die Menschen auf der Erde, darunter eine große Höhle, die düstere Scheol. Alle Toten kamen dorthin, um in einem freudlosen Dämmerzustand zu existieren, also erwartete man auch für die Guten kein himmlisches Weiterleben. Nur langsam entwickelte sich die Hoffnung, Gott könne auch andere fromme Israeliten in seinen Himmel aufnehmen, wie er es ausnahmsweise bei seinen Lieblingen Enoch und Elias getan hatte, die – lebend! – zu ihm aufgefahren waren. Doch kam es erst unter griechischem Einfluß u. v. a. nach dem Fall von Jerusalem zu jenen dann von den Apokalyptikern um die Zeitenwende so breit ausgemalten Gerichts-, Himmels- und Höllenvorstellungen, von denen auch Jesus in seinem Gleichnis vom armen Lazarus und dem reichen Prasser (Lk 19,19 ff.) ausgeht.

Die Philosophen des klassischen Altertums stellten sich die Erde unbewegt im Mittelpunkt des Alls vor, die Himmelssphären mit den Planeten in Drehung um sie herum. An den Grenzen der Erde, jenseits des Meeres im äußersten

Westen, vermutete die Dichtung die elysischen Inseln, die paradiesischen Gefilde der Heroen, wo sie zufrieden in ewigem Frühling leben. Als es im 5. vorchristlichen Jahrhundert zu einer folgenreichen Intensivierung der hellenischen Religiosität kam, begann man, die Gestirne mit den Göttern zu identifizieren und dann bei ihnen die vorbildlichen Toten anzusiedeln, wie Cicero dies im *Traum des Scipio* nach Platos Vorbild skizziert hat.

Ursprünglich wurde der Hades als unterirdisches Haus aller toten Seelen gedacht, die als Schatten freudlos, aber ohne Strafen in der Unterwelt weiterexistieren. Doch war dieser Ort den olympischen Göttern verhaßt, da auch sie bei einem Falschschwur dort bleiben müssen. Vor allem im Hellenismus wurde dieser Jenseitsbereich „moralisiert": Nun wurden hier Vergehen gegen die Götter, dann auch gegen Menschen bestraft. Dazu dienten u. a. die Unterweltströme, denn dort rasen der Feuerstrom (Pyriphlegethon) und der Heulstrom (Kokytos), wie dieses ganze Reich von einem Fluß, dem Acheron, umzogen wird, über den die Toten der Fährmann Charon übersetzt. Diese Flüsse münden alle in den Tartaros, ursprünglich das Gefängnis für die von den Olympiern hinabgestürzten Titanen. So zeigt sich in der antiken Mythologie, daß zunächst die Toten wie die Lebenden auf bzw. unter der Erde existierend gedacht wurden, während die Verlagerung der Heilsräume in den Himmel erst eine sekundäre Entwicklung darstellt.

In den keltischen Erzählungen kommen wohl fern gelegene Zwischenwelten immer wieder vor, die aber nur teilweise auch die Welten der Toten sind, wie die berühmte Apfelinsel (Avalon). In der Seefahrt des irischen Heiligen Brandan spiegelt sich noch eine sehr ferne Erinnerung daran (s. unten S. 79 ff.). Man kann diese Topographie aber nicht mit der moralischen der Antike oder des Christentums vergleichen, da die Kelten ja an eine Seelenwanderung von Menschenkörper zu Menschenkörper glaubten.

Die altisländischen Quellen machen deutlich, daß verschiedene Weltvorstellungen nebeneinander existierten. Man erzählte von Yggdrasils Esche, deren Wipfel sich über den Himmel ausbreiten, während sich die Wurzeln zur Unterwelt, zum Riesenheim und zum Göttersitz verzweigen. Dann wieder ist von neun Welten unter neun Himmeln die Rede. Verbreitet war aber offenbar das dreiteilige Weltbild: Hoch im Zentrum der Welt steht Asgard, die Burg der Götter. Von der Türbank aus kann Odin die ganze Welt überschauen. Tiefer liegen Midgard (Mittelheim), die Wohnstätte der Menschen, auch Jotunheim und Alfheim, die Welten der Riesen bzw. Alben. Nifelheim, Nebelheim, ist die Welt der Toten in der Tiefe, die Unterwelt.

Bei den Göttern Asgards leben in Walhall die Helden weiter, die tapferen Krieger, die in der Schlacht gefallen sind, und nur sie von allen Menschen. Walhall ist die Projektion einer nordischen Herrenhalle in das Idealbild einer kämpferischen und maskulinen Gesellschaft. Midgard, also die Mittelwelt zwischen dem Himmel Asgard und der Hölle Nifelheim, ist rings vom Meer umgeben, bedroht von der Riesenschlange darin. Jenseits des Meeres gibt es noch Utgard, ein ödes, unwirtliches Riesenland. Unter der Erde liegt auf dem „Totenstrand" der Saal der Hel, dessen Wände von Schlangen umwunden werden, durch dessen Dach ein Giftregen strömt. Diese Nebelhölle ist Ungeheuern und Verbrechern vorbehalten (wohl unter christlichem Einfluß) und bewacht von einem Hund. Die Göttin Hel, von der unser Wort „Hölle" kommt, herrscht über dieses traurige Reich.

Die mittelalterlichen Gelehrten übernahmen das antike Weltbild und paßten es den biblischen Konzeptionen an. So wie bei Ptolemäus bildet nach den Enzyklopädien der Epoche die Erde den Mittelpunkt des Universums; sie wird aus den vier Elemente Land, Wasser, Luft und Feuer gebildet. Ihre Gestalt wurde von einigen als Kugel, von anderen als Scheibe beschrieben; beide Konzeptionen existierten nebeneinander[9]. Daß aber das Kugelmodell immer präsent blieb, erweist u. a. der „Reichsapfel", Symbol der Weltherrschaft, der auf kaum einer Darstellung eines mittelalterlichen Kaisers fehlt.

Der Kosmos hat die Gestalt einer vollkommenen, aus mehreren Schichten bestehenden Kugel. Über den Planetensphären und dem Fixsternhimmel befindet sich die Kristallsphäre – eine Erweiterung des antiken Schemas, um die in der *Bibel* genannten Wasser oberhalb des Firmamentes unterzubringen. Darüber die Sphäre des (selbst unbewegten) Bewegers und das Empyreum, der Wohnort der Engel und Seligen. Gern konstruierte man den Himmel aus sieben Planetensphären: Empyreum, Kristall-, Gestirn-, Feuerhimmel, olympischer, ätherischer und goldener Himmel[10], aber es gab auch andere Einteilungen. Während alles, was sich unter der Mondsphäre befindet, ständigem Wechsel unterworfen ist, gibt es in den höheren Regionen nur regelmäßige Bewegungen. Sie erzeugen eine (für Engel, Selige und Visionäre) hörbare Musik, die harmonischen Sphärenklänge.

Zu zahlreichen gelehrten Spekulationen führte seit dem 12. Jahrhundert die Rezeption bisher im Westen unbekannt gebliebener griechischer, v. a. aristotelischer Texte, teilweise aus dem Arabischen übersetzt und mit den Kommentaren islamischer Philosophen und Astronomen versehen. Dieser Schub an Verwissenschaftlichung der Kosmologie seit der „Renaissance des 12. Jahrhunderts" sollte in letzter Konsequenz dazu führen, daß im 16. Jahrhundert das geozentrische Weltbild in Frage gestellt wurde. Schon manche Theorien der stark an Platon orientierten Schule von Chartres (einem der wichtigsten älteren Bildungszentren) gingen weit vom Biblischen ab: Die Welt galt als Organismus, eine Weltseele wurde angenommen, die als Heiliger Geist oder natürliche Lebenskraft interpretiert wurde. Weit verbreitet war die Vorstellung, die Strukturen des Universums und die des Menschen seien analoge Bildungen, beruhten auf denselben Zahlenverhältnissen, das Weltall, der Makrokosmos, sei mit dem Menschen, dem Mikrokosmos, unsichtbar verbunden. Vor allem auf den jungen Universitäten wurde das aristotelische Weltbild diskutiert, was zu manchen Konflikten mit den kirchlichen Behörden führte. Sind die Himmelskörper beseelt? Vom wem werden sie bewegt? Existieren noch andere Welten? Wo sind die Strafstätten für die Sünder zu suchen? Für die um 1200 in Paris auftretenden Anhänger des Universitätsprofessors und Vertrauten des Königs Philipp II., Amalrich (Amaury) von Bène († 1206), existieren Fegefeuer und Hölle als außerhalb des Gewissens bestehende Realitäten nicht; dies wurde natürlich als Ketzerei angeprangert. Die der deutschen Mystik nahestehenden „Freien Geister" des 13. und 14. Jahrhunderts wollten sogar weder von Fegefeuer noch Hölle etwas wissen; sie wurden mit Feuer und Schwert verfolgt.

Das späte Mittelalter brachte eine intensivierte astronomische Forschungstätigkeit, die freilich vorläufig nur die Kosmologie der Gelehrten beeinflußte. Der Mathematiker Campanus von Novarra († 1296) versuchte sogar eine Ausmessung des Weltalls. Seit dem 14. Jahrhundert interessierte man sich verstärkt für die Himmelsmechanik, für die aufgrund selbständiger Beobachtungen Berechnungen der Planetenbewegungen u. ä. unternommen wurden. Für die fortschrittlichsten Theologen wie Wilhelm von Occam waren Himmel und Erde von gleicher Materie, was ersteren gleichsam „entzauberte". Einzelne Denker wie Cusanus begannen, sich mit der Möglichkeit der Unendlichkeit des Raumes auseinanderzusetzen, durchaus auch ein Indiz für das Aufbrechen des geschlossenen mittelalterlichen Weltbildes, was im Laufe der Geschichte auch entsprechende Konsequenzen für die Jenseitsreiche haben sollte: Sie werden aus dieser Welt in eine Parallelwelt, in eine Transzendenz, also in ein wirkliches „Jenseits" versetzt.

So weit die Konzeptionen der Wissenschaftler. Sie spielten für das allgemeine Weltbild keine große Rolle. Als durchschnittlicher Gläubiger interessierte man sich kaum für solche naturwissenschaftliche Fragen, sondern vor allem für die heilsgeschichtlichen. Und hier glaubte man an eine einfache Grundstruktur: die Erde als Bereich der kurzen „Pilgerschaft" des Lebens im Körper – der Himmel über ihr und die Hölle darunter als ewige Verbleibsorte der abgeschiedenen Seelen. Zahllose Legenden, aber auch religiöse Lehrschriften und Aufzeichnungen von Visionen und Träumen sowie gemalte Darstellungen vermitteln ein ganz konkretes Bild von diesen konkret gedachten Reichen.

Was die Erde betraf, so nahm die Kunde von ihrer Beschaffenheit mit der Entfernung vom jeweiligen Ort mehr und mehr ab, wie bei der Kommunikationssituation und der Einstellung zu profanem Wissen in jener Epoche nicht anders zu erwarten. Phantastische Gegenden und Wesen füllten die unbetretenen Breiten schon seit der Antike. Die mittelalterlichen Reiseromane wie die Alexander dem Großen angedichteten oder die von dem mysteriösen Ritter Mandeville verfaßten berichten von eigenartigen Monstren an Ende der bewohnten Welt und von unzugänglichen Regionen voll der unheimlichsten Landschaften und Geschöpfe. Die mehr oder minder bekannte Welt setzte sich aus den drei Erdteilen Europa, Asien und Afrika zusammen, wie sie auf zahlreichen Landkarten der Zeit gezeichnet sind. Das zwischen den Kontinenten liegende Gewässer (Meer und Ströme) hat die Form eines T, weswegen diese Figur auch auf den Weltkugeln der Herrscher wiederkehrt.

Die Reiche der Toten waren mit der bekannten Erde fest verbunden; sie lagen im Inneren der Weltkugel bzw. über ihr. Wie war die Unterwelt nach verbreiteter Überzeugung beschaffen? Sie besteht aus mehreren „receptacula" (Verbleibsorten der Seelen):

„infernus", die Hölle, die die mit einer Todsünde beladenen Seelen auf ewig in unvorstellbaren Qualen hält;

„limbus puerorum", die Vorhölle der Kinder, vorbehalten den ungetauft verstorbenen Kindern und Gegenstand zahlreicher theologischer und vulgärtheologischer Spekulationen bis zur Gegenwart;

„limbus patrum", der Höllenort, an dem alle Menschen vor dem Abstieg Christi in die Hölle nach seinem Kreuzestod (vgl. *Glaubensbekenntnis*) schmachteten und woraus sie von ihm befreit wurden;

„purgatorium", das Fegefeuer, aus dem die Seelen gereinigt ins Paradies aufsteigen. Es existiert im Unterschied zu den anderen Jenseits-Orten nur bis zum Endgericht. Dieser Raum erschien schon im frühen Mittelalter in einzelnen Visionstexten, dann seit dem 12. Jahrhundert auch in theologischen Abhandlungen, er wurde als ein dritter eschatologischer Bereich zwischen die viel älteren Reiche von Himmel und Hölle eingeschoben.

„caelum", der Himmel: Wiewohl die himmlischen Heerscharen dort in verschiedenen Gemächern leben – „In meines Vaters Haus sind viele Wohnungen" – werden dort nicht systematisch verschiedene Zonen unterschieden. Der Himmel ist i. d. R. als einheitlicher Raum gefaßt, in dessen Zentrum Gottes Thron steht, um den sich die Chöre der Engel und die Scharen der Gerechten harmonisch gruppieren. Allerdings gab es auch hier konkurrierende Bilder. So das von der Himmelsstadt Jerusalem, das in manchen Schilderungen als Wohnort der guten Seelen figuriert, und das vom himmlischen Paradies.

„paradisus", das irdische Paradies, der Garten Eden der *Genesis*, war ebenfalls ein Jenseitsort, insofern in einigen Legenden die guten, aber nicht vollkommenen Seelen vor dem Weltgericht dorthin geschickt werden. Meist dachte man sich diesen Ort als den alttestamentlichen Lustort im Osten, unzugänglich den Lebenden.

Nicht zu Unrecht wird die *Divina Commedia* Dantes als Krönung der religiösen Kosmologie des Mittelalters gerühmt. Der Dichter kombinierte hier die wissenschaftliche, aristotelisch-arabische Weltkonzeption mit einer großen Zahl von christlichen Jenseitsvisionen und -legenden. Sein Weg, der ihn von der Welt in die Unterwelt und von dort in den Himmel führt, ist zwar ein allegorisch-moralischer, entspricht aber ganz dem, was man sich weitgehend tatsächlich vorstellte. Dantes Inferno (Hölle) ist unter der Erdkruste trichterförmig in die Erdkugel eingetieft, wobei sich eine Folterstätte an die andere anschließt, im Zentrum eingefroren der Oberteufel Luzifer. Dem Hölleneingang gegenüber erhebt sich der Berg des Purgatorio (Fegefeuer) über die Erde, dessen mühsamer Aufstieg die sündigen, aber nicht verdammten Seelen reinigt. Gekrönt wird dieses Reich vom irdischen Paradies. Darüber schweben die Himmelssphären mit ihren Bewohnern und der Wohnsitz der Gottheit.

Immer wieder finden sich in Altertum und Mittelalter Beschreibungen, die bezeugen sollten, daß die Reiche der Lebenden und der Toten, der Menschen und der Götter, miteinander verbunden waren. Wer erinnerte sich nicht der Unterweltsfahrt des Aeneas, die Vergil im 6. Buch seines Epos erzählt? Bei Baiae in Kampanien gab es sogar eine komplizierte unterirdische Tunnelanlage, die im Rahmen eines Mysterienkultes tatsächlich einen Abstieg in eine wohlinszenierte Unterwelt ermöglichte[11].

Im Altnordischen reitet Baldr neun Nächte, bis er vom Himmel zur Hel gelangt; eine Brücke führt ihn über den Grenzstrom. Zwischen Midgard und Asgard spannt sich der Regenbogen. Er ist zwar „der schwankende Weg" (Bifröst), aber doch „die beste der Brücken", auf denen die Götter zwischen den Welten hin- und herreiten.

Mochte im christlichen Mittelalter auch theoretisch immer wieder die Unkörperlichkeit der Seelen und die Unbeschreibbarkeit der Jenseitsorte betont worden sein, was darüber von den Geistlichen praktisch gelehrt und vom Volk geglaubt wurde, war ganz stofflich. Zahlreiche Berichte von den Erlebnissen Scheintoter waren schriftlich im Umlauf und dienten als Predigtthemen, wodurch sie auch jenen bekannt wurden, die nicht lesen konnten. Diese Erfahrungen entsprechen weitgehend dem, was heutige Mediziner und Psychologen wie Raymund Moody jr. als „Nahtod-Erlebnisse" sammeln. Die mittelalterlichen Ekstatiker durchwandern in Fegefeuer und Hölle steinige Regionen der Dunkelheit, durchziehen Feuerbrände, stapfen durch Schneefelder, durchqueren weite Heiden mit stechenden Dornen, überschreiten messerschmale Brücken, erklettern enge Leitern, lustwandeln auch (doch seltener) in Paradiesesgärten und Himmelsstädten. Ihre Reise durch das Jenseits ist in der Regel eine peinvolle Wanderung, zu Fuß zurückgelegt, denn die Seelen werden regelmäßig wie nackte menschliche Körper vorgestellt und die andere Welt als ins Extreme gesteigerte irdische Schreckens- oder Lustorte. Die Bilder des Hieronymus Bosch geben einen guten Eindruck davon.

Nun war auch in den mittelalterlichen Legenden die irdische Welt nicht ohne Verbindung zur Unterwelt: Die Vulkane sind die Eingänge zu Hölle und Fegefeuer. Diese Durchlässigkeit des irdischen Raums zum jenseitigen ist bezeichnend für das Mittelalter[12]. Der hl. Abt Odilo von Cluny (962–1049) begründete um 1029 das Allerseelenfest am 2. November, da er selbst die Stimmen der Gequälten im Ätna gehört hatte[13]. Nicht nur die flammenspeienden Vulkanschlünde Italiens (Vesuv, Stromboli, Pozzuoli) waren es, in denen man Zugänge zur Unterwelt sah – auch Kaiser Friedrich II. beschäftige sich damit[14] –, sondern ebenso die Hekla in Südisland. Ein weitverbreitetes Legendenmotiv berichtete davon, wie bestimmte prominente Sünder in die Feuerberge versenkt wurden: die Könige Theoderich, Karl

Martell, Karl d. Gr., Heinrich II., Friedrich II., die Bischöfe Hatto und Johannes II. von Mainz. Motivgeschichtlich bestehen hier offenbar Verbindungen zum vorchristlichen „Bergjenseits" (vgl. die Sagen von Barbarossa im Kyffhäuser, im Untersberg usw., aber auch die Sage vom Hörselberg, der als Hexen- und Teufelssitz galt, desgleichen als Reich der heidnischen Göttin Venus, in dem Tannhäuser verschwindet)[15]. Ein romanisches Gegenstück war die Sage vom Reich der Königin Sibylla bei Montemonaco, gelegen in einer Zauberhöhle. Dort leben viele Menschen in Saus und Braus wie im Hörselberg, aber jeden Freitag nach Mitternacht verwandeln sich die Frauen für 24 Stunden in Schlangen. Wer in dieser Grotte länger als 330 Tage verweilt, kann sie nie mehr verlassen[16].

Es gab auch eine, besonders bei Rittern beliebte Wallfahrt direkt ins Jenseits. Sie führte nach Irland zum Purgatorium des hl. Patricius (s. unten S. 100 ff.). Auf einer Insel im Lough Derg (Ulster) gab es ein Kloster, das den Eingang ins Fegefeuer bewachte. Über Leitern oder Treppen konnte man in die Tiefe steigen, wurde mit Teufeln und zahlreichen Martern der armen Seelen konfrontiert, um schließlich über eine messerscharfe Brücke zum Paradies zu gelangen. Es ist nicht geklärt, inwieweit hier nur Visionen nach dem für den Abstieg verlangten Fasten die Grundlage für solche Berichte aus der anderen Welt bildeten oder inwieweit die Mönche entsprechende Erscheinungen inszenierten. Sicher ist, daß zahlreiche Pilger vom 12. Jahrhundert bis in die Neuzeit den Ort besuchten und Berichte von ihren Gesichten verfaßten. Da man das Fegefeuer eben als realen, materiellen Ort ansah, wunderte man sich kaum, daß ein Heiliger einen Abstieg dorthin eröffnet hatte und daß man dort einen Ablaß für seine gesamten Sünden erwerben konnte.

Weltuntergang

Wiewohl die klassische Antike im allgemeinen von der Ewigkeit des Kosmos ausging, in dem sich in bestimmten Zyklen alles Gewesene wiederholen würde, gab es einzelne Strömungen, die einen Untergang der Welt vorhersagten. So die Pythagoräer, die vom Himmel niederströmendes Feuer und vom Mond herabstürzendes Wasser für diese Katastrophe verantwortlich machten.

Im Keltischen finden sich tatsächlich Andeutungen, daß man fürchtete, der Himmel werde einst einstürzen. Die Druiden lehrten, Wasser und Feuer würden die Welt vernichten, doch sind keine Details überliefert.

Inwieweit die Germanen einen Weltuntergang erwarteten, noch ehe sie mit der entsprechenden Mythologie des Christentums bekannt wurden, ist schwer zu sagen. Wahrscheinlich wurden die packenden Schilderungen von Ragnarök, dem Untergang der Götter, wie sie v. a. in der *Voluspa*, dem Gesicht der Seherin, zu finden sind, zu einem guten Teil nach den Bildern der *Apokalypse* gestaltet, doch verbunden mit einer älteren, eigenständigen Erzählung von der Endzeit als Götterschlacht. Denn es kommt zu einem mörderischen Streit zwischen den ewigen Feinden, den Göttern und den Riesen. Der Fenriswolf greift die Sonne an und verwandelt ihr helles Licht in blutrotes. Unwetter und tiefster Winter überziehen jahrelang das Land. Ein Kampf aller gegen alle hebt an:

„Beilzeit, Schwertzeit, es zerklaffen die Schilde,
Windzeit, Wolfzeit, ehe die Welt versinkt ..."[17]

Die Welt geht in Kampf und Feuer unter, die Erde stürzt ins Meer, die Sterne schwinden vom Himmel ... Dann aber – und hier ist das christliche Vorbild unabweisbar – steigt eine neue Erde aus den Wogen und ein neues Göttergeschlecht entsteht. Die Guten wohnen in goldenen Sälen mit reichlichen Getränken, und die Bösen in einem Saal, dessen Wände aus giftspeienden Schlangen gewirkt sind, während die Leichen der ganz Schlimmen vom Drachen Nidhhoggr gewürgt werden.

Das Judentum zur Zeit Christi produzierte zahlreiche Apokalypsen, Schilderungen des Weltuntergangs, die in erschütternden Bildern die Belohnungen der eigenen Gruppe durch Gott und seine Rache an den Feinden feiern. Einer dieser Texte wurde als *Geheime Offenbarung* auch in die christliche *Bibel* aufgenommen, da man ihn dem Evangelisten Johannes zuschrieb. Vor allem aus dieser Quelle, die unter dem schaurigen Dröhnen der Posaunen die bekannten Schreckensbilder von Blut und Tod, Antichrist und Gottessieg ausmalt, bezog auch das Mittelalter seine in so vielen Dichtungen, Schauspielen, Bildern den Gläubigen vorgeführten Erwartungen vom Gericht über die Geschöpfe, vom Untergang der Welt und dem Entstehen einer neuen Erde. Die Kosmologie der neuen Welt wird freilich nicht wesentlich von der der alten differieren, nur wird alles endgültig sein: die ewige Hölle für die Bösen, das ewige Paradies für die Guten, beide nunmehr mit einem Auferstehungsleib ausgestattet. „Dies irae, dies illa" ..., jener jüngste Tag der Rache wird auch der Tag einer neuen Kosmogonie sein.

Tod, Seelenreise und Gericht

Tod

„Sól ek sá
á sjónum skjálkfandi ...

Die Sonne sah ich mit zitterndem Blick,
furchterfüllt und voll Bangen,
dieweil mein Herz, das hart bedrängte,
zerging in Gram.

Die Sonne sah ich trauriger selten,
fast war ich da der Welt entrückt.
Die Zunge stand mir starr im Munde,
von außen faßte Frost mich.

Die Sonne sah ich seitdem nicht mehr
nach diesem traurigen Tag.
Schreckensfluten schlugen über mir zusammen;
ich verschwand, die Schmerzen vergingen."[18]

Kaum ein anderes Werk der mittelalterlichen Dichtung hat
das Sterben eindringlicher vor Augen gestellt, als die altnordischen Verse des *Sonnenliedes* (*Sólarljódh*), Schöpfung
eines unbekannten Dichters etwa um 1300. Es sind die
Worte eines toten Vaters, der seinem Sohne erscheint, um
ihn ein christliches Leben zu lehren, indem er ihm von seinem eigenen Tod erzählt, von Himmel und Hölle.

31

Wenn es ein Charakteristikum gibt, das die Einstellung der Menschen zum Tod im Mittelalter[19] von der anderer Perioden unterscheidet, so die, daß er durchgehend nicht als das Ende des Lebens, sondern als ein Schritt innerhalb des Lebens angesehen wurde. Sicherlich der einschneidendste: der Übergang von diesem Erdenleben zur jenseitigen Existenz. Denn fast alle Menschen des Mittelalters, von denen wir wissen, glaubten an ein Weiterleben der Seele in der anderen Welt. Nach einem berühmten englischen Geschichtsschreiber des Frühmittelalters war gerade die Sinngebung des Todes durch die christlichen Vorstellungen vom ewigen Weiterleben im Jenseits den Germanen ein Argument für die Annahme dieser Religion gewesen[20]. Hatten sie nicht selbst ihre Götter vergänglich gedacht? Gewiß, es gab auch dann im „Zeitalter des Glaubens" gelegentlich einzelne, sogar kleine Gruppen wie die 1277 verurteilten Pariser Averroisten, die mit dem Tod nur das völlig Nichts erwarteten, aber sie waren eine verschwindende, atypisch Minderheit.

Wenn es im Frühmittelalter (4.–11. Jahrhundert) auch nicht an gelegentlichen Hinweisen auf eine uns nachvollziehbare Todesfurcht mangelt, so beschäftigen sich die religiösen und noch selteneren weltlichen Texte, die uns erhalten sind, kaum mit dem Sterben. Wie die Zeit generell durch eine „gebundene Individualität" gekennzeichnet ist, so wird auch das Ende des irdischen Daseins des einzelnen wenig reflektiert. Das Sterben mit dem Beistand der Familie, der Freunde, der Mitbrüder im Kloster wird die Regelsituation gewesen sein im ganzen Mittelalter; von den Nachbarn nahm teil, wer immer konnte. Kirchliche Rituale (Kommunion, Aschenkreuz, Weihwasser), aber auch weniger christliche, boten Hilfe. Das Sterben als öffentlicher Akt scheint bei den Spitzen der Gesellschaft nicht selten gewesen zu sein: Als Bischof Wolfgang von Regensburg 994 seinen Tod nahen fühlte, legte er sich in einer Kapelle in den Schutz des Altars nieder, in dem Reliquien eines von ihm besonders verehrten Heiligen geborgen waren, von dem er Fürsprache bei der Auferstehung erwartete. Er befahl, die Tore zu öffnen und alles Volk hereinzulassen, um die Gläubigen ein vorbildhaftes Ende zu lehren[21].

Immer wieder stößt man in den Quellen darauf, daß der Tod sich ankündigte, sei es erkennbar für die Umwelt durch ein bestimmtes Aussehen, eine bestimmte Atmosphäre („feigi" sagte man im Althochdeutschen, „veigr" im Altnordischen), sei es durch einen Traum – wie auch die Heiligen ihren Tod durchgehend vorauswissen. Die erstaunliche Furchtlosigkeit vor dem Sterben, die in der altnordischen Literatur viele Männer auszeichnet, war gewiß auch bei vielen frühmittelalterlichen Kriegern zu finden – und in der Merowinger- und Karolingerzeit waren noch sehr viele Bauern auch Krieger. Der heldenhafte Schlachtentod, der Nachruhm bringen würde, war eher zu wünschen als zu fürchten. Eine solche, noch wenig dem christlichen Jenseitsglauben verpflichtete Einstellung prägt auch noch die im Hochmittelalter aufgezeichnete Heldendichtungen (*Rolandslied, Nibelungenlied* usw.). Was dann konkret in der anderen Welt sein würde, wird ausführlich nur in den klösterlichen Texten geschildert, scheint aber die Laien noch nicht so intensiv beschäftigt zu haben. Viel mehr als die Sterbestunde selbst haben die Jenseitserwartungen die Mönche des frühen Mittelalters berührt; ihre Visionen sind voll der entsetzlichsten Folterkammerphantasien, denen gegenüber die positiven Bilder meist deutlich zurücktreten.

Trotzdem blieben die Toten gegenwärtig: Unzählig sind die Berichte von ihren Erscheinungen, meist im Traum, dem aber in diesen Dingen Realität zugeschrieben wurde. Man empfand ihnen gegenüber zwiespältig: Einerseits vermengten sich vorchristliche Ahnenverehrung und christliche Fürsorge, und man versuchte sich vor den bösen Geistern zu schützen, indem man den Toten etwa (wie vormals den Obolos für Charon) die Hostie als Wegzehrung („viaticum") in den Mund legte und den „planctus", die rituelle Leichenklage, anstimmte. Die meisten dieser Bräuche waren auch im späteren Mittelalter bekannt und teilweise soziale Pflicht, man denke nur an die „pleurants", die Klagefiguren, die noch die Grabmonumente der burgundischen Adeligen am Ende des 15. Jahrhunderts umstehen[22]. Man betete für die Verstorbenen, obschon es nach der offiziellen Dogmatik des frühen Mittelalters hätte überflüssig sein müssen, denn danach gab es nur die zwei Alternativen, nämlich daß ihre Seelen entweder schon im Himmel waren und also der Fürbitte nicht bedürftig oder in der Hölle, also nicht mehr befreibar. Aber Liturgie und Visionsliteratur zeigen deutlich, daß auch frühmittelalterliche Mönche an einen dritten Ort der postmortalen Reinigung glaubten, wenn er auch noch nicht als Fegefeuer dogmatisiert worden war. Eine der hauptsächlichen materiellen Grundlagen der Klöster bestand ja gerade darin, daß Laien ihnen Geschenke machten, um in ihre Gebetsverbrüderungen aufgenommen zu werden, damit Mönche und Nonnen nach dem Tode für sie beten sollten.

Andererseits fürchtete man das ganze Mittelalter über die Toten, namentlich die, die ein böses Leben geführt oder ein unnatürliches, vorzeitiges Ende gefunden hatten. Zahlreiche bannende und beschwichtigende Riten sollten dafür sorgen, daß sie nicht als Wiedergänger in ihren früheren Wohnstätten spukten. Man kann hier von einem Parallelglauben sprechen, der aus der vorchristlichen Zeit kommt und in keinem Zusammenhang mit den christlichen Jenseitsbereichen steht. Die Elfen, Zwerge, Kobolde und Riesen der hoch- und spätmittelalterlichen Literatur dürften ursprünglich Erscheinungsformen der Toten gewesen sein; man suchte, sie sich geneigt zu stimmen, indem ihnen etwa zu bestimmten Brauchtumsterminen ein Tisch mit Speisen gedeckt wurde[23]. Vielfach glaubte man auch nach der Christianisierung, daß der Tote noch irgendwie in seinem Grab hause, wie es oft in den altnordischen Texten bezeugt ist[24]. Aber auch ein katholischer Merowingerkönig konnte ein leeres Blatt Pergament auf das Grab eines Heiligen legen lassen, mit der (erfolglosen) Bitte an ihn, seinen Rat darauf zu schreiben[25]. Also war es das Grab, in dem der Tote konkret anwesend gedacht wurde, nicht der Himmel. Dasselbe erweist noch viel später der Reliquienkult[26]. Und die Sitte der mit dem Christentum selten werdenden, aber nicht ganz verschwindenden Grabbeigaben hatte ursprünglich den Sinn, daß sich der Tote dieser Dinge weiter bedienen sollte. Auffallenderweise hat sie sich besonders bei den Eliten erhalten, indem man Könige und Bischöfe im vollen Ornat mit ihren Insignien bestattete – bekanntestes Beispiel ist Karl d. Gr.

Erst gegen Ende des Hochmittelalters scheint sich das Verhältnis zum Tod zu ändern. Das Sterben und die Sterbebräuche blieben im Prinzip die gleichen, wenn auch kirchenrechtlich verfestigt. Zögernd setzt nun Nachdenken über den Tod ein. Ein frühes Beispiel (um 1100 ?) ist ein fragmentarischer anglosächsischer Text, der das Grab als enges Haus zeichnet: „Ohne Tür ist das Haus, und dunkel ist es drinnen. Dort bist du fest eingeschlossen, und der Tod hat den Schlüssel. Grausig ist das Erdhaus und schrecklich, um darin zu wohnen. Dort wirst du wohnen, und Würmer fressen dich."[27] Aber erst seit etwa 1200 begegnet die unheimliche Gestalt des personifizierten Todes in der europäischen Literatur[28]. Um 1195 schickt der ehemalige Touvère und nunmehrige Zisterziensermönch Helinand von Froidmont in seinen *Versen vom Tod* die Tödin zu seinen Freunden, um sie zu warnen; er spricht die Relation zwischen Todesfurcht und Weltgenuß klar aus: „Denn zu wem die Freude an der Welt kommt, von dem scheidet die Seele sehr schmerzlich". Schon er verschiebt Eigenschaften, die sonst dem richtenden Gott zukommen, auf den Tod: „Der Tod allein weiß und sieht voraus, wie jeder richtig einzuschätzen ist"[29]. Was hier einsetzt, wird im 14. und 15. Jahrhundert als „Religion des Todes" zutiefst die europäische Mentalität prägen.

Für das Spätmittelalter ist eine bislang ungekannte, intensive Beschäftigung mit der Sterbestunde charakteristisch. Nun wird sie als der große Schmerz empfunden: „Könnte jemand begreifen, wie groß der Todesschmerz ist, würde er ihn weder für tausend Wagenladungen Gold, noch für die größte Ehre auf sich nehmen, so sehr würde er ihn fürchten, gesetzt selbst, er sollte gleichwohl wiederauferstehen", so ein Zeitgenosse Dantes[30]. Ein guter Teil der Jenseitsangst konzentriert sich auf diesen letzten Augenblick des Lebens, letztlich ein Symptom der Säkularisierung. Denn die in vielen Text- und Bildvarianten zur Meditation des Sterbens auffordernden Totentänze, die wehmütigen Gedichte des Rückblicks auf Verstorbene, die Legenden und Fresken von der Begegnung der drei Toten und der drei Lebenden, sie alle handeln vom Vergehen dieses Erdenlebens, dieser körperlichen Schönheit – und nicht vom Jenseits. Die „Doppel-[decker]gräber" zeigen den Toten einmal in der Kraft seiner Jugend und darunter als verwesenden Leichnam, über den Gewürm und Kröten ihre Herrschaft angetreten haben. Aber um sich nicht zu bald vom irdischen Sein trennen zu müssen, bemalte man das Antlitz vornehmer Verstorbener, nahm eine Totenmaske ab, verwendete eine „effigies", ein Porträt, beim Begräbnis …

Im späten Mittelalter weckte diese Umgewichtung das Verlangen, ein gottgefälliges und damit eschatologische Sicherheit versprechendes Sterben regelrecht zu lernen: Es entsteht die Literaturgattung der Artes moriendi, der Sterbebüchlein. Sie werden bald in die Volkssprachen übersetzt und mit Holzschnitten visualiert, was beweist, daß sie einem Bedürfnis weiter Schichten entsprachen. Da werden das gute und das schlechte Sterben vorgeführt: einmal die Betrachtung des Gekreuzigten und der Himmlischen, und dagegen die vom Teufel vorgegaukelten Gedanken an Irdisches, an Weib und Kind, Haus und Besitz. Der Kranke wird ermahnt, „gern zu sterben"[31]. Noch ist dieser letzte Augenblick verbunden mit Gericht und Jenseits (wie etwa die verbreiteten Traktate von Jean Gerson oder Dionysius von Rijkel zeigen); aber diese werden im weiteren Verlauf der Geschichte nach dem Barock immer blasser, bis sie für die Mehrzahl der Menschen in der Gegenwart irrelevant geworden sind: Nur mehr die Angst vor der Sterbestunde ist geblieben.

Was die spätmittelalterlichen Überlieferungen von der anderen Welt betrifft, so ist auffallend, daß die Medien, in denen das Jenseits vorgestellt wurde, sich enorm erweiterten, Zeichen der „visuellen Frömmigkeit", die die Epoche charakterisiert. Nicht nur, daß zahlreiche der älteren eschatologischen Schilderungen nun in illuminierten Handschriften abgeschrieben und übersetzt wurden, dann auch durch den Buchdruck, ausgestattet mit Holzschnitten, Verbreitung fanden, – auch jede gotische Kirche hatte ihr Weltgerichtsportal oder -fresko, das das wohlgeordnete Himmlische Jerusalem dem chaotischen Höllenrachen entgegenstellte. Fast jede größere Stadt sah ihre Bürger tagelang damit beschäftigt, in den Kostümen von Engeln und Teufeln, Erretteten und Verdammten das Endgericht auf der Bühne nachzuspielen – oder vorwegzunehmen.

Die Präsenz der Toten im Fegefeuer, der Armen Seelen, prägt im Spätmittelalter jedenfalls auch die Äußerungen der Hochkultur in sehr deutlich erhöhtem Maß. Der Arme-Seelen-Kultus wird fest in Liturgie, Paraliturgie und Bruderschaftswesen eingebunden, wovon die ungeheure Zahl der gestifteten Seelenmessen sowie die Errichtung von Allerseelenaltären und -kapellen (z.B. All Souls College in Oxford) Zeugnis ablegen. Es ist bekannt, wie sehr das Ablaßwesen mit dem Armen-Seelen-Kultus verbunden war – wie die Pein der Sühne in Jahren zählbar wird, so ihr Gegenmittel, der Ablaß, in Geld, Symptome eines merkantilen Denkens. Dazu kommt, daß Totenerscheinungen im ausgehenden Mittelalter immer mehr Aufmerksamkeit erregen und so sehr in das Blickfeld auch der Theologen treten, daß es Handbücher für Exorzisten gibt, die die unterschiedlichen Fragen auflisten, welche an die aus dem Fegefeuer und welche an die aus der Hölle auftauchenden Geister zu richten sind[32]. Man mußte sogar damit rechnen, daß ein Totengeist einen Lebenden befallen konnte und exorziert werden mußte, wie der verbreitete Bericht *De spiritu Guidonis* (*Über den Geist des Guido*, 1323)[33] wußte.

Seelenreise

„Mein herz das swindt
in meinem leib und bricht von grossen sorgen,
wenn ich bedenk den bittern tod,
den dag, die nacht, den morgen –
ach we der engestlichen not! –
und waiss nicht, wo mein arme sel hin fert."[34]

So formulierte der berühmteste deutsche Dichter des späten Mittelalters, der Südtiroler Oswald von Wolkenstein († 1445), seine Ängste vor der letzten Stunde. Zahllose Berichte von den Sorgen und Hoffnungen der Sterbestunde sind aus dem Mittelalter überliefert, in den Lebensbeschreibungen der Fürsten und Heiligen, eindringlicher noch in den Jenseitsvisionen. Wie es sein würde, wenn der Tod zugeschlagen hatte, diese Erwartungen glichen zwar im Prinzip dem auch früher Gepredigten, sie wurden aber seit dem hohen Mittelalter in viel detaillierteren Schilderungen verbreitet. Im 12. Jahrhundert liegt der Höhepunkt der Textsorte der Jenseitsvisionen, die fast alle dieselbe Struktur zeigen, da ihnen analoge Sterbeerlebnisse zugrundeliegen:

Zunächst der Überfall der Dämonen auf die Seele des Sterbenden, der himmlische Führer, der zur Hilfe eilt, die Wanderung durch die Pein- und Gnadenstätten mit ihren Angst-, Rache- und Lohnphantasien, die Begegnung mit dem Seher persönlich bekannten Seelen, das göttliche Urteil über ihn, seine Rückkehr in den Leib, das sind Grundmuster, die die Visionsaufzeichnungen vom 7. bis zum 13. Jahrhundert in unzähligen Variationen prägen. Gemeinsam ist ihnen fast allen eine wesentlich ausführlichere Schilderung der Peinstätten als der himmlischen oder paradiesischen Regionen – die Jenseitsangst muß meist wesentlich größer als die Jenseitshoffnung gewesen sein. Die Konzeption des Fegefeuers als eines dritten Ortes zwischen Himmel und Hölle, der schon lange in Legenden und Katechese seinen festen Platz hatte, wird im späten 12. Jahrhundert von den Theologen begrifflich gefaßt und im 13. offiziell dogmatisiert. Seitdem mehrten sich auch die Erscheinungen Verstorbener, die von damals an bis zur Gegenwart als die Armer Seelen aus dem Purgatorium interpretiert werden. Die Devotion ihnen gegenüber in kirchlich anerkannten Formen gehört zu den aus dem monastischem Bereich in die Volksfrömmigkeit übernommenen Elementen.

Wie der Atem im Leben den Mund verläßt, so beim Tod auch die Seele. Besonders plastisch stellt dies ein romanisches Tympanon im Allerheiligenkloster zu Schaffhausen dar, das die vom Engel aus dem Mund gezogene Seele wie eine Rauchwolke gibt, in der sich menschliche Züge bilden. Auch die Gotik, z.B. der Triumph des Todes am Campo Santo Monumentale zu Pisa (um 1330?), zeigte die aus dem Munde entweichenden Seelen, hier in Gestalt von Säuglingen. Die Ausfahrt des Lebensodems, der Seele, aus dem Mund war allgemeiner Glaube im Mittelalter (wie in den meisten anderen Kulturen auch). Allein Judas Iskariot konnte im Tod seine Seele nicht aus dem Munde aushauchen, denn

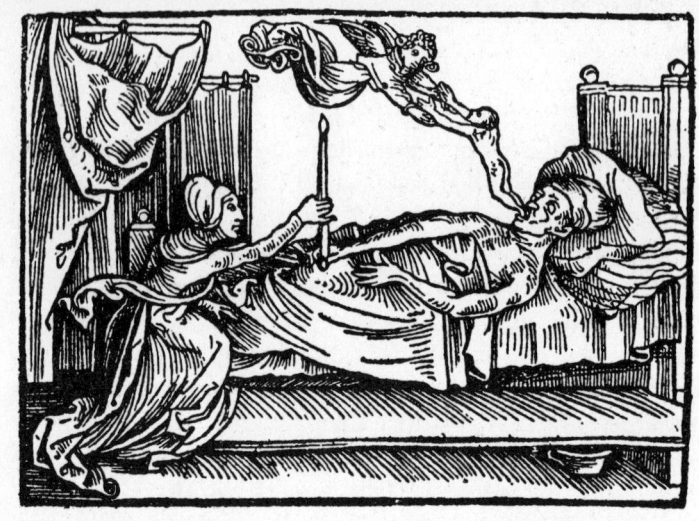

Beim Sterben entweicht die Seele aus dem Mund
(Holzschnitt, deutsch, um 1500)

dieser war durch den Kuß Jesu gleichsam versiegelt. Deshalb mußte sein Bauch in der Mitte aufplatzen und seine Einge- weide herausfallen, wie die *Bibel* lehrt (*Apostelgeschichte* 1, 15 ff.). Nach mittelalterlicher Vorstellung rissen die Dämo- nen dabei seine schwarze Seele heraus[35].

Die vorchristlichen Germanen hatten einerseits an ein Weiterleben in den Grabhügeln geglaubt, andererseits aber besonders ruhmvolle Krieger auch den Göttern beigesellt. Für ihre Fahrt nach Wallhall bestattete man sie auf Schiffen, die brennend ins Meer hinausgetrieben wurden, versah sie mit besonderen Schuhen („helskor") oder gab ihnen Roß und Wagen für die Jenseitsreise ins Grab mit.

Die mediterrane Antike hatte sich vorgestellt, die Seele könne aus eigener Kraft zum Himmel aufsteigen, wozu ihr Flügel wüchsen oder sie in einen Vogel verwandelt würde, wie auf manchen Grabmonumenten bildlich dargestellt; die bekanntesten Schilderungen finden sich bei Plato[36]. Im Christentum wird dieses Motiv in der Regel metaphorisch ausgelegt, die Flügel bedeuten etwa die beiden Testamente der *Heiligen Schrift* etc. Vom realen Aufflug der Seele sind im Mittelalter nur sehr gelegentlich Spuren erhalten, etwa in der Liturgie und einzelnen Reflexen speziell in der karolingischen Kunst sowie einigen wenigen Visionen und Gedichten. Typisch für die christliche Einstellung ist eine Aussage des Arnobius d. Ä. († um 310), mit der er seine Religion von der der Heiden absetzt: „Sobald ihr Nichtchristen aus den Bindungen der Leibesglieder gelöst seid, meint ihr, Flügel zu bekommen, mit denen ihr zum Himmel vordringen und zu den Sternen fliegen könnt. Wir schrecken vor einer solchen Kühnheit zurück ... und glauben keineswegs, daß das ohne den Herrn der Welt geschehen könne"[37]. Wie die religiöse Literatur und die Kunst jedenfalls bis ins Hochmittelalter, aber in der Mehrzahl auch danach, von „Autoritäten" abhängig blieb, so konnte auch der einzelne nicht ohne Leitung durch eine autoritative Person der anderen Welt in diese eingehen – ganz im Gegensatz zu den heutigen Erfahrungen der Reanimierten, die diesen Weg in der Regel allein gehen oder nur von verstorbenen Verwandten begleitet werden. Nach einer österreichischen Quelle des 14. oder 15. Jahrhunderts erwarteten manche, „daß die Seele, wenn sie sich vom Leib trennt, die erste Nacht zur hl. Gertrud kommt, die zweite zum hl. Michael, die dritte, wohin zu kommen sie verdient hat"[38]. Zweifellos existierten noch weitere lokal geglaubte Vorstellungen.

Ein frühes Beispiel für eine erlebte Seelenreise gibt die Vision des fränkischen Mönches Barontus aus dem Jahr 678 oder 679. Es handelt sich dabei um die erste ausführliche Jenseitsvision des Frühmittelalters, mit der – nach der uns vorliegenden Überlieferung – die Existenz dieser Textsorte als eigenes, nicht in andere Textgattungen eingefügtes

Genus beginnt[39]. Sie zeigt deutlich ein in mittelalterlichen Sterbeberichten stets wiederkehrendes Motiv, nämlich das von der Gefährdung der Seele beim Übergang in die andere Welt. Zugrunde liegt die allgemein menschliche Vorstellung vom schwierigen Übergang in eine neue Existenzform, zu der man eines Seelengeleiters bedarf (in der Antike Hermes, im Christentum v. a. Engel und Heilige; Jesus kommt nach dem 4. Jahrhundert kaum mehr vor[40]).

In der Krise seiner Krankheit fällt Barontus in einen Erstarrungszustand, während dessen seine Seele in Ekstase die andere Welt durchzieht. „Der hl. Raphael streckte seinen Finger aus und berührte meine Kehle, und ich Armer spürte sogleich, wie meine Seele aus meinem Körper gezogen wurde. Sie war ganz klein, so wie ein Vögelchen, das aus dem Ei schlüpft. Sie hatte einen kleinen Kopf, Augen und die übrigen Glieder, konnte ungehindert sehen, hören, schmecken, riechen und berühren, nicht aber sprechen ..." Andauernd kommt es zu angsterfüllten Konfrontationen des Visionärs mit dämonischen Scharen, die ihn in die Hölle schleppen wollen. Allerdings wird der Mönch vom Erzengel Raphael geführt, der einen anderen Engel zum hl. Petrus schickt – dem war nämlich das Kloster geweiht, in das sich Barontus zurückgezogen hatte. Petrus nun „kam ohne irgendwie zu zögern und sprach: Was gibt es, Bruder Raphael, daß du mich holen ließt? Ihm antwortete der heilige Raphael: Einem deiner Mönche widersetzen sich die Dämonen und wollen ihn gar nicht mehr freigeben". Die bösen Geister dürfen nun die Sünden des Kranken hersagen: Drei Frauen hatte er gehabt und dazu noch oft Ehebruch begangen ... Doch der Heilige vergilt es dem Sterbenden, daß er „sein Haar [bei der Tonsur] in meinem Kloster gelassen hat", und macht sich zu seinem Fürsprecher, indem er des Barontus gute Taten, z. B. die Spende von Almosen, nennt. „Ihr könnt ihn mir nun nicht mehr wegnehmen." Die Widerrede der Teufel erbittert den Heiligen, dem Wortgefecht folgt fast ein körperliches: „Dann begann der hl. Petrus, von Zorn gegen sie bewegt, ihnen zwei- und dreimal zu sagen: ‚Weichet, böse Geister ...' Und da jene mich gar nicht loslassen wollten, nahm der hl. Petrus auf der Stelle drei Schlüssel in die Hand und wollte sie mit eben diesen Schlüsseln auf den Kopf schlagen. Doch sie begannen schleunigen Fluges mit ausgebreiteten Flügeln zu fliehen"[41].

Die Situation der den Leib verlassenden Seele, die einen eigenen Körper mit Sinnesorganen besitzt, wird von zahllosen Berichten heutiger Menschen bestätigt, die klinisch tot waren und wiederbelebt werden konnten[42]. Selten in der Gegenwart, aber typisch für das Mittelalter, ist die Bedrohung durch böse Geister und die Hilfe durch gute. Zu Lebzeiten einen Heiligen zu verehren, das versprach Schutz in jener kritischen, besonders angstbesetzten Situation des Sterbens, wenn die Seele sich vom Körper trennt, um den langen Weg ins Jenseits anzutreten. In diesem Moment des „schwierigen Übergangs" setzen die Dämonen nämlich alles daran, sich der Seele zu bemächtigen. Die Kraft der Heiligen gegen sie wirkt aber auch im Jenseits, wie am Beispiel der *Visio Baronti* deutlich wurde: Der Heilige spricht wie ein irdischer Patron vor Gericht gegen die dämonischen Ankläger des Toten, und notfalls scheut er auch vor Brachialgewalt nicht zurück, wenn es gilt, die Seele eines Menschen zu retten, der sich ihm durch den Eintritt in ein ihm geweihtes Kloster übergeben („kommendiert") hat. Nachdem Barontus unter dem Schutz des hl. Apostels und des Erzengels Raphael, aber stets bedroht von Dämonen, durch die himmlischen Regionen geführt worden war, muß er den Rückweg durch die Hölle mit ihren Gruppen von Sündern und furchtbaren Strafen nehmen, ehe die Seele wieder in den Leib eintritt. Die ganze Fülle der mittelalterlichen Jenseitsvisionen besteht aus Schilderungen solcher Seelenreisen, die neben fabulösen Ausschmückungen auch viel von echten psychischen Erfahrungen aufbewahren. Ihr Aufbau gleicht in der Struktur dem eben zitierten Bericht, wenn auch in der Regel zuerst die Peinstätten und erst zum Schluß die paradiesischen Gefilde besucht werden. Diese Parallelen erklären sich nicht so sehr dadurch, weil die Verfasser der Texte ältere Vorlagen nachschrieben (was vorkommt), sondern v. a., weil gleiche seelische Erfahrungen zu gleichen Beschreibungen führen.

Es werden aber auch verschiedene Aufstiegshilfen von der Erde in den Himmel geschildert; besonders die Himmelsleiter in Erinnerung an jene Verbindung zu Gott, die im *Alten Testament* der Patriarch Jakob geschaut hatte. Ein Engländer namens Edmund Leversedge z. B., der 1465 an der Pest erkrankt war, erlebte eine Schauung, bei der er, von seinem Engel aus dem Purgatorium geleitet, zu einem Hügel kommt, „und da erschien am Gipfel des genannten Hügels eine Leiter, die sich mit Sprossen zum Himmel erstreckte, die breiter als eine Menschenhand waren und weiß wie Kristall erschienen. Auf dieser Leiter wurde ich plötzlich von meinem genannten guten Engel hinaufgebracht; und als meine Seele am Ende der Leiter war, öffnete sich das Firmament ..."[43].

Daß man auch die Engel selbst auf diese Weise auf- und absteigen sah, wie einst der Patriarch, versteht sich; man deutete dies als den künftigen Himmelsaufstieg der Seele. Der englische Bischof Oliver King († 1503) etwa ließ seine diesbezügliche Traumvision gleich an der Westfassade seiner Kathedrale in Bath über die ganze Höhe der Kirche in Stein hauen, wo sie noch heute zu sehen ist[44].

Bisweilen wird die konkrete Leiter auch „spiritualisiert" in ein Lichtgebilde. So schaute die Wiener Begine Agnes Blannbekin († 1315), eine der zahlreichen mystisch begabten Frauen des späten Mittelalters, wie am Himmelfahrtstag „eine unzählbare Menge Engel erschien. Sie sah auch einen Strahl unermeßlicher Helligkeit durch die Lüfte vom Himmel herabsteigen wie eine breite Straße, auf der die Engel in unerklärbarer Dichte herabstiegen, unterschieden dennoch und ohne Gedränge wegen ihrer Feinheit."[45] „Im Jahr des Herrn 1281 am Fest des hl. Michael in den Geist genommen, sah sie eine unendliche Menschenmenge und eine unendliche Engelsmenge vom Himmel herabsteigen, so daß sie scharenweise über neun reichlich breite Straßen zu den Menschen herabstiegen, und für die Menschen zum Fortschritt der neun Gaben bzw. Tugenden zusammenwirkten … Die erste Engelschar bereitete dem Herrn den Weg zum Menschen, und zum Zeichen dessen hatten sie zum Bereiten des Weges geeignete Werkzeuge in den Händen, wie nämlich Spaten und Ähnliches, und es waren jene Werkzeuge hell und leuchtend und aus feiner Materie. Die Engel des zweiten Weges hatten ganz leuchtende und entzündete Lichter. Die dritten Engel hatten etwas wie gefüllte Säcke in Händen, und das Gepäck dieser Art trugen sie vom Herrn zu den Menschen und trugen es zurück von den Menschen zum Herrn, aber das, was sie vom Herrn trugen, schien bei weitem teurer und wertvoller. Die vierten hatten in den Händen Tuben und bliesen sie … Die fünften trugen in Schellen etwas wie kostbare Perlen und verteilten (sie) unter die Menschen; auch den Seelen im Fegefeuer brachten sie von eben diesen Geschenken etwas hinunter. Die sechsten brannten zur Gänze, weil durch das Feuer Erneuerung entsteht und sie selbst zusammenwirkten zur Erneuerung der Gnade. Die siebten warfen gleichsam etwas Verächtliches aus den Händen beim Versuch, nach oben zu ziehen. Die achten hatten göttliche Gesichter, und ein jeder von ihnen drückte gleichsam das göttliche Antlitz aus. Die neunten waren in der Art einer Krone verteilt, so daß eine große Menge in einer jeden Krone war. Und eine Krone war über der nächsten angeordnet bis zum Himmel zum Angesicht Gottes. Und diese kamen nicht bis zu den Menschen, sondern erwarteten die Menschen, gleichsam um sie im künftigen Leben zu krönen. Die Menschen schritten auf verschiedene Art vorwärts nach diesen englischen Heimsuchungen, denn die einen schritten in bestimmten obengenannten Gaben vorwärts, die anderen in mehreren, und andere mehr, andere weniger."[46]

So gibt es einen regen Verkehr zwischen Oberwelt und Erdenwelt, der im Flug, über Wege, Leitern und Brücken, nach anderen Traditionen auch mit Schiffen u. ä. bewältigt wird. In den Legenden gibt es für die Toten auch manche recht materielle Möglichkeit, in die Unterwelt zu kommen, so mit einem Boot, auf einem höllischen Roß, von Dämonen getragen u. a. m.

In der bildenden Kunst ist der Moment, wo die Engel die gute Seele empfangen und mit ihr den Höhenflug beginnen, die häufigste Gestaltung der Himmelsreise. Dabei wird die Seele vom Engel unmittelbar aus dem Mund des Verstorbenen gezogen, oder sie erscheint im Flug über dem Leichnam, wie im Campo Santo Monumentale zu Pisa (um 1330?). Hier, wie oftmals auch andernorts, ist diese Szene kontrastiert mit dem Schicksal der Sünder, die in gleicher Weise vom Teufel in Empfang genommen und abtransportiert werden. Ihre Reise führt zwar zunächst auch durch die Luft, endet jedoch in den tiefsten Tiefen, die etwa durch die Vulkanschlünde erreicht werden.

Bei der Rettung der Seelen bedienen sich die Engel oft eines Tuches, in dem die Seelen nach oben getragen werden (z. B. in niederländischen Stundenbüchern), sie obliegen diesem Amt aber auch mit bloßen Händen (z. B. im von Jean Colombe um 1480 geschaffenen Teil des berühmten Stundenbuchs des Duc de Berry, Chantilly, Musée Conde). Gelegentlich, wie bei den 10 000 Märtyrern der Thebäischen Legion, erfolgt die Himmelfahrt auch kollektiv (Fresko in Lobenfeld, Württemberg, Evang. Kirche, 14. Jh.).

Nur wenigen, besonders den Heiligen, ist freilich ein solcher unmittelbarer Aufstieg vergönnt. Die meisten Christen

müssen, so eine volksläufige Konzeption schon des Frühmittelalters, die im 13. Jahrhundert dogmatisiert wurde, zunächst eine Zeitlang im Fegefeuer leiden. Hier empfangen
sie nicht nur die Gaben der Lebenden (Almosen, Gebete,
Messen) durch die Vermittlung der Engel, sondern werden
von diesen auch nach Verbüßung der Strafe in den Himmel gebracht (s. u. S. 115 f.). Darüber entscheidet ein jensei-
tiges Gericht.

Persönliches Gericht

Nicht selten nahm man auch schon vor der Dogmatisierung dieser Lehre an, daß die Seelen sogleich an die ihnen
von Gott zugedachten Orte der anderen Welt kämen, wobei
sie von Engeln oder Teufeln dorthin transportiert würden.
In einer frühneuhochdeutschen Übersetzung der weitverbrei-
teten *Paulusapokryphe*[47] sahen der Apostel und sein Gelei-
ter Michael zunächst, „wie eine sündige Seele zwischen sieben Teufeln abgeführt wurde, und sie brüllte und klagte
und weinte sehr ... Und die Teufel empfingen sie und
brachten sie in die äußerste Finsternis der Hölle ... Danach
führten die Engel die Seele eines Gerechten in den Himmel;
sie hörten tausend Mal tausend Engelstimmen und freuten
sich ... Und alle, die in der Hölle waren, mußten zusehen,
wie die Seele des Gerechten und die Engel in das himmlische Paradies auffuhren ..."[48]. Die Gegenüberstellung der
Himmelfahrt eines Gerechten mit der Höllenfahrt eines
Sünders erinnert natürlich an die biblische Erzählung vom
armen Lazarus und dem reichen Prasser. So heißt es etwa
bei dem vielgelesenen Kirchenschriftsteller Honorius von
Augustodunum (1. Hälfte 12. Jahrhundert) vom Armen: Eine
große Schar Engel kam, nahm seine Seele mit Jubel aus
dem Kerker des Leibes und führte sie mit Hymnen zum
himmlischen Palast. Bei seiner Gegenfigur kam jedoch eine

Schar schrecklich anzusehender Dämonen ins Haus; grausam rissen sie seine Seele heraus und schleiften sie zur Tortur in die Hölle[49]. Ähnliches wurde in der Predigt vorgetragen[50]. Dies wurde den Gläubigen nicht selten auch in figuralen Darstellungen vor Augen gehalten (z.B. Altarretabel in Schwäbisch Hall, S. Michael, Michaels-Kapelle, 1509/11).

Hölle aus dem Lazarus-Gleichnis
(Altarrelief, Schwäbisch Hall, um 1510)

Doch gab es auch andere Vorstellungen. Die alte Kirche kannte die Lehre der Hypnopsychie oder Psychopannychie[51], des Schlafes der Seelen bis zu jenem Tag Seines Zornes. Das erschien noch einem Bernhard von Clairvaux, dem wichtigsten Kirchenschriftsteller des 12. Jahrhunderts, plausibel[52]. Dieses Konzept konnte jedoch nicht länger gegenüber der damals immer mehr zur Dogmatisierung drängenden Haltung der Fachtheologen vertreten werden, die die Seele sofort vor Gottes Gericht sehen wollten. Dies hängt zweifellos mit der Akzeptanz der schon längst in Liturgie und Visionsliteratur präsenten Fegefeuervorstellung auch in hochmittelalterlichen theologischen Werken zusammen. Nur sehr gelegentlich gibt es noch Anspielungen auf den Seelenschlaf im weiteren Mittelalter. Im *Väterbuch*, einem verbreiteten Legendar (1265/80), befiehlt ein Heiliger einem Toten, den er kurz auferweckt hatte, um ihn etwas bezeugen zu lassen:

> „lege dich nider,
> slaf in dem tode als ê sider [wie vorher],
> untz [bis] dich in der lesten vris [letzten Frist]
> an daz gerihte wecket Crist."[53]

Doch ist dies eben offenbar ein nicht korrigierter Reflex aus der Zeit der Entstehung der Quellen dieser Sammlung.

Die Mehrzahl der Gläubigen jedoch lebte vielmehr in der Erwartung – in unaufgelöster Spannung zum Jüngsten Gericht –, Gottes Urteil über ihre Seele würde sogleich nach dem Tode im Individual- oder Partikulargericht gefällt. Konzilien beschäftigten sich damit seit dem 13. Jahrhundert. Eine endgültige offizielle Stellungnahme des obersten Lehramtes der Catholica erfolgte freilich erst in der ersten Hälfte des 14. Jahrhunderts, und das in ganz konträrer Weise durch zwei Päpste. Johannes XXII., bekannt u. a. durch seinen Konflikt mit König Ludwig d. Bayern, lehrte, auf bestimmte Bibelstellen gestützt, daß die heiligen Seelen erst nach dem Endgericht der Visio beatifica, der vollkommenen Gottesschau, teilhaftig würden. Diese Ansicht wurde von einigen Theologen geteilt, von der Mehrzahl aber abgelehnt, was zu einer Flut von mehr als 50 Traktaten über das Leben nach dem Tode führte. Johannes hatte näm-

lich im März 1334 bei Strafe der Exkommunikation ge-
boten, daß alle seine Kardinäle und örtlichen Gottesgelehrten ihre Meinung über diese Streitfrage zu veröffentlichen
hatten. Doch zog der Papst selbst, als er im Dezember des-
selben Jahres auf dem Sterbebett lag, seine Ansicht zurück.
Diese Situation nahm sein Nachfolger Benedikt XII. zum
Anlaß, die Frage einer verbindlichen Klärung zuzuführen.
Gestützt auf andere Bibelstellen schrieb er nicht nur die
für die Heiligen unmittelbar nach dem Tode zu erlangende
Visio beatifica fest, sondern auch die Lehre vom „iudicium
duplex", vom Nebeneinander von Individual- und Endgericht. Damit war die von seinem Vorgänger ursprünglich
aufgestellte Doktrin als häretisch qualifiziert. Man kann
sagen, daß Benedikt die bis heute in der katholischen Kirche
geltende Lehre, die der des hl. Thomas entspricht, formuliert hat[54].

Wie sah dieses Individualgericht konkret aus? So stellt der
Bettelmönch Heinrich von Burgeis um 1303 die Szene in
Der Seele Rat dar: Beim Tod kommt es zum Streit zwischen
Engel und Teufel um die Seele; letztere fordern eine Ver-
handlung. „Der König setzt sich zu Gericht, ein Teufel trägt
seine Klage vor, andere unterstützen ihn mit Zwischen-
rufen." Das schriftliche Sündenregister wird vorgelegt. „Der
Teufel tritt vor und fordert die Seele für sich, St. Michael
widerspricht ihm und bittet den Richter um Gnade, der
Teufel erhält Gelegenheit zur Widerrede … Es wird nach
Zeugen gerufen. Christus tritt auf und bezeugt, daß der
Seele vergeben wurde. Eine Waagschale wird mit Untaten
bepackt, Teufel hängen sich an sie …" Das Ende ist ein Sieg
der himmlischen Partei[55]. Es gab zahlreiche ähnlich auf-
gebaute Schilderungen, nach denen Gott selbst als Richter
fungiert.
Welchen Weg die Seele einzuschlagen hatte, wurde allerdings auch durch verschiedene Proben festgestellt: eine

Form des Gerichts, das nun nicht von Gott, sondern von einem von ihm dazu bestimmten Heiligen durchgeführt wird. Am häufigsten wird das Urteil vom hl. Michael vermittels seiner Waage festgestellt; ein äußerst beliebtes Bildmotiv seit dem 12. Jahrhundert[56], seltener in den schriftlichen Quellen (eine ausführliche Darstellung enthält etwa die Vision des englischen Bauern Thurkill von 1206[57]). Es handelt sich um ein bis in die ägyptische Religion zurückzuverfolgendes Motiv. Während in der einen Waagschale die zitternde Seele ihren Spruch erwartet, liegen ihre guten oder schlechten Taten oder auch ein Teufel – quasi die personifizierte Abspaltung des Bösen der Seele im Sinne von C. G. Jung – in der anderen. Oftmals entspinnt sich bei dieser Gelegenheit ein Kampf zwischen Engel und Teufel, den freilich regelmäßig erstere gewinnen.

Besonders einläßlich zeigt die Situation ein Epitaph in St. Lambertus in Erkelenz (bei Mönchengladbach), auf dem die Seele direkt vom Sarg zu den Waagschalen des Engels in die Höhe schwebt, während sie von der Seite Teufel mit ihren Haken einzufangen versuchen[58]. Wie Legenden und Bilder lehrten, hatten Marienverehrer dabei die Chance, daß die Himmelskönigin die Waage mit einem leichten Druck ihres fast allmächtigen Fingers manipulierte. So führt es z.B. ein Wandgemälde in der Dorfkirche von Pretzien bei Magdeburg aus der Mitte des 13. Jahrhunderts nach einem verbreiteten Marienmirakel vor. Es dürfte kaum eine spätmittelalterliche Kirche gegeben haben, in der der Engel mit der Seelenwaage nicht in einem Wand- oder Tafelbild oder als Skulptur anwesend gewesen wäre, oft freilich nicht im Zusammenhang mit dem Individualgericht, sondern als Figur des Jüngsten Gerichts.

Bisweilen prüft eine schwierige, etwa messerscharfe oder bewegliche Brücke die Seelen mit dem Effekt, daß die guten ins Paradies aufsteigen können, die bösen aber in die Unter-

Michael als Seelenwäger
(Wandmalerei, Aarhus, um 1500)

welt hinabstürzen[59]. Es handelt sich hier also um eine quasi mechanische oder automatische Urteilsfindung, ohne daß von der unmittelbaren Mitwirkung Gottes oder eines Heiligen die Rede wäre. Das älteste bekannte Beispiel ist die Vision des Abtes Sunniulf von Randan (vor 577): „Er wurde in der Vision zu einem Feuerstrom geführt, in dem die Leute, von dem einen Ufer wie Bienen zu ihren Körben zusammeneilend, untergetaucht wurden ... Es war nämlich eine so schmale Brücke über den Fluß gesetzt, daß sie kaum die Breite eines Fußes tragen konnte. Am anderen Ufer aber erschien ein großes Haus, außen ganz weiß ... Von dieser Brücke wird hinabgestürzt werden, wer bei der Leitung seiner Herde als träge befunden werden wird. Wer aber fest sein wird, geht ohne Gefahr hinüber und wird fröhlich in das Haus hineingeführt ..."[60]

Es gab aber auch eine verbreitete, etwa auf dieselbe Zeit zurückgehende Variante, in der Engel und Teufel mitspielen. Ein deutschsprachiger Text des 15. Jahrhunderts z.B. schildert diese „hängende Brücke über einen See, der war grundlos, und das Wasser wallte von Schwefel und von Pech. Und die Teufel schwammen darin wie Frösche. Die Brücke war glänzend und glatt, und jede Seele, die darauf trat und unrein gelebt hatte, die zogen die bösen Geister sogleich hinunter ..." Den guten wird dagegen von Engeln geholfen, die vom Himmel herabsteigen[61]. Hier handelt es sich um eine Bearbeitung einer von Papst Gregor d. Gr. knapp vor 600 aufgezeichneten Vision. Alles wirkt ganz konkret, wenn der Papst dann auch eine allegorische Interpretation anfügte.

Eine differenzierte Darstellung dieser Probebrücke findet sich in einem Gesicht der seligen Zisterzienserin Ida von Nijvel (Nivelles, † 1231)[62]: Ida ist in so tiefer Sorge um eine ihr bekannte Frau, daß sie vor Erschütterung Blut bricht (was dieser übersensiblen Nonne öfters passierte). Darauf folgt eine Ekstase, in der sie ins Fegefeuer entrafft wird. Ida ist von Furcht erfüllt, daß auch sie wie die dort gepeinigten Seelen die schrecklichen Qualen – stinkendes Wasser, loderndes Feuer, unerträgliche Kälte – auszuhalten habe, doch durchschreitet sie sie unverletzt. Ein breiter Fluß tut sich vor ihr auf, stinkende Nebelschwaden steigen in die Höhe, aus denen die Schreie der elenden Seelen zu hören sind. Eine Brücke führt über diesen Strom, „am vorderen Ende äußerst schmal, wie eine Schwertspitze. Und siehe, an ebendieser Stelle vor der Brücke erschien ihr jene Frau, für die sie der göttlichen Majestät höchst demütig sehr viele Bitten und Tränen dargebrachte hatte". Jenseits des Flusses wartet eine Landschaft, so lieblich wie das Paradies des Herrn, und ebendort der Erlöser selbst. Herzlich lädt er sie ein: „Meine Freundin, überquere den Strom und komme zu mir!" Obwohl Ida vor der schmalen Brücke erzittert, nimmt sie die andere Frau bei der Hand und zieht sie hinter sich her. Jene jedoch stockt, und auch die Drohungen des Herrn können die Widerstrebende nicht bewegen. „Als der Herr dies abermals sah, ermahnte er seine Geliebte wie im Zorn, die Bedauernswerte ihrem Willen zu überlassen und sich nicht weiter mit ihr abzumühen. Da vertraute sich die Jungfrau Christi der Brücke an und ging ohne Hindernis hinüber, wobei sie die Brücke desto breiter fand, je weiter sie vorwärts schritt." Auf der anderen Seite würdigte sie der Bräutigam ihrer Seele der Umarmung und des Kusses, und sie verbrachte mit ihm einen Freudentag.

Analysiert man die Wortwahl in den lateinischen Originaltexten, so finden sich genügend Parallelen, um schließen zu können, Idas Vision sei die Lektüre des Buches des Kirchenvaters Gregor d. Gr. vorausgegangen. Aber zwei Charakteristika sind im Vergleich dazu neu: daß die Probebrücke eine „Schwertbrücke" ist und daß sie für den Gerechten breiter wird. Solche Brücken kommen besonders in den höfischen Romanen vor, bei dem maßgeblichen französischen Dichter des 12. Jahrhunderts, Chretien de Troyes, und anderen. Aber man muß der frommen Nonne gar keine Beschäftigung mit den Abenteuer- und Ritterromanen des Hochmittelalters zumuten, denn auch in religiösen Texten wie einer französische Version der *Visio Pauli* ist die Jenseitsbrücke scharf wie ein Rasiermesser. Was für Ida aber viel wichtiger erscheint als die „Konstruktion" des Jenseits, ist die Begegnung mit Christus – er ist das Ziel Idas und jener anderer Seelen, nicht die lieblichen Paradieseswiesen wie in den älteren Texten. Die Mentalität der Menschen hat sich gewandelt; die Christusmystik und nicht die Jenseitslandschaft sind nun bestimmend.

Warum kann nun Ida die Brücke überqueren, jene Frau aber nicht? Das geht klar aus den Worten des Herrn hervor: Jene ist von der Sünde des Eigenwillens zurückgehalten. Ida dagegen gehorcht Jesus und geht, obwohl es unmöglich scheinen muß, auf einem scharfen Schwert den Abgrund zu überwinden, hinüber. Idas Belohnung ist hier das Einssein mit dem Herrn, was der anderen Frau nicht zuteil werden kann, da sie nicht auf ihn vertraut. Die Jenseitsbrücke prüft so die Gottesbeziehung der beiden Seelen. Die Situation ist als Vorwegnahme dessen zu verstehen, was sich nach dem Tode ereignen wird, ist eine Mahnung an Ida, in ihrem Gehorsam zu verbleiben, und an die andere, ihn noch zu erwerben – sonst wird ihre Seele am Tag des Todes zu den Sündern in den stinkenden Strom hinabstürzen.

Auch eine Leiter konnte, in Erinnerung an die Jakobsleiter der *Genesis*, dieselbe Funktion erfüllen. Von den mittelalterlichen Visionären schaut etwa im späten 11. Jahrhundert Bernhard von Petershausen einen solchen Aufstieg von der Erde zur Himmelspforte, den die Menschen besteigen müssen, um im ätherischen Feuer geprüft zu werden und dann je nach dem als weiße oder schwarze Asche herabzustürzen[63]. Im 12. Jahrhundert muß ein anderer Benediktiner, Gunthelm, unter der Führung des hl. Benedikt auf einer leichten Treppe oder Leiter zum Himmel steigen, wobei auf jeder Stufe zwei angriffslustige Dämonen hokken[64]. Auch einer der Wallfahrer ins Purgatorium S. Patricii (s. unten S. 100ff.), William von Stranton, berichtet im frühen 15. Jahrhundert, daß der Übergang vom Fegefeuer in die paradiesischen Regionen mit Hilfe einer Leiter erfolge, die messerscharfe Sprossen habe[65]. Die Charakterisierung der Sprossen als scharf u. ä. verweist darauf, daß nur die Seelen ohne schwere Sünden diesen Aufstieg werden benützen können.

Es haben sich manche Abbildungen solcher Probebrücken und Leitern erhalten. Nur zwei Beispiele seien genannt. Eine besonders interessante Version der Leiter, die entweder in den Himmel oder in die Hölle führt, stellt die Zeichnung in einem deutschen Manuskript des 12. Jahrhunderts dar[66]. Ein Motiv, das den Dualismus der christlichen Religion gut mittels der Allegorie der Seelenleiter zum Ausdruck bringt: der Mensch zwischen Gott und dem Teufel. Aus der Hand Gottes, aus der Hand des Teufels versuchen die sieben Tugenden bzw. Todsünden die auf einer Leiter aufsteigenden Menschen wie mit Magnetstrahlen in den Himmelspalast hinauf- bzw. in die Höllenburg hinunterzuziehen. Die Leiter spaltet sich zu einem Zweiweg, wo der Mensch entweder von einem Heiligen in den Himmel gehoben oder von einem Dämon in die Hölle geritten wird.

Eine ganz genau wiedergegebene Probebrücke zum Paradies findet sich in S. ta Maria in Piano in Loreto Aprutino (ca. 1425)[67], wo dieser zunächst breite Übergang für die Sünder so schmal wie ein Faden wird, so daß sie in die Tiefe stürzen, wogegen die Gereinigten von Michael in Empfang genommen werden. Wahrscheinlich liegt freie Kombination oder eine nicht erhaltene Vision zugrunde; inhaltlich ähnlich wäre die *Visio Thurkilli* mit ihrer Nagelbrücke und ausgedehnten Wägeszene, deren Überlieferung sich aber auf England beschränkt.

Himmel

„Die himmlische Gottesstadt, die bedarf weder des Sonnen-
noch des Mondscheins zur Erhellung: in ihr ist der Gottes
Glanz, der sie ganz durchleuchtet zum gemeinsamen Nut-
zen. Das gehört ihnen allen gleich, alles, was sie wollen.
Da ist Gottes Klarheit, der nie endende Tag, der Stadt kostbarer Leuchter ... Da gibt es keine Rast beim Frohgesang
der Engel, das süße Wonnelob Gottes [hat kein Ende, noch]
die geistliche Freude, der wunderköstliche Gewürzduft aller
Gotteswonnen ... Da ist keine Furcht, kein Unbehagen. Da
ist Einmütigkeit, höchster Friede, stillste Lust, die sichere
Ruhe. Da ist der Gottesfreunde abgesonderter Wohnsitz,
nicht aber eine Stätte für Sünden ... So ist das Himmelreich
seinerseits beschaffen."[68] Mit solchen hymnischen Worten
deutet ein deutscher Text des ausgehenden 11. Jahrhunderts,
gen. *Himmel und Hölle*, die Herrlichkeit des Reiches Gottes
an.

Jesus und seine Jünger erwarteten nicht, in den Himmel zu kommen, sondern die Herabkunft des Reiches Gottes auf die Erde nach Jerusalem noch zu ihren Lebzeiten.
„Wahrlich, ich sage euch: Es stehen etliche hier, die nicht
schmecken werden den Tod, bis daß sie des Menschen
Sohn kommen sehen in seinem Reich" (Mt 16, 28). Im
Neuen Testament ist der Zustand der Gerechten auch als
der einer perfekten Gesellschaft beschrieben, lebend in der
prachtvollen Gottesstadt Jerusalem, getaucht in das Licht
Gottes und in überirdische Musik (He 12, 22 ff., Apk 14, 2;
18, 22; 21, 12 usw.). Erst als sich diese Hoffnung der Ur-

gemeinde nicht bewahrheitete, konnte sich eine Eschatologie in auf die andere Welt bezogenen Formen herausbilden, die dann die christliche Lehre von den letzten Dingen geprägt hat.

Die Himmelsvorstellungen des Mittelalters zeigen gut, wie man religiöse Konzeptionen mit der damaligen Naturlehre in Einklang zu bringen versuchte. Nach gelehrtem Allgemeinwissen befindet sich über den Planetensphären und dem Fixsternhimmel die Kristallsphäre, eine Erweiterung des antiken Schemas, um die in der *Bibel* genannten Wasser oberhalb des Firmamentes unterzubringen. Darüber die Sphäre des (selbst unbewegten) Bewegers und das Empyreum, der Wohnort der Engel und Seligen. So konnte man mit der Überzeugung zum Himmel über der Erde aufblicken, sich auch dem eschatologischen Himmel zuzuwenden. Walther von der Vogelweide, den niemand zu den Ungebildeten rechnen wird, bezeichnet es demgemäß als Sünde, den konkreten Himmel mit seinen Sternzeichen weniger gern anzuschauen, als das Antlitz der Geliebten[69].

Theologisch gesprochen, erwartete den Gerechten im Himmel ein dreifacher Segen: die Schau Gottes, die Verklärung des Körpers am Ende der Zeiten, wozu Durchsichtigkeit, Beweglichkeit, Leidlosigkeit gehören, und der Heiligenschein für die, die andere durch ihre Predigt gerettet haben, jungfräulich blieben oder das Martyrium erlitten[70]. In der Predigt oder der Dichtung stellte man sich die Existenz in diesem Reich noch viel konkreter vor, so z.B. im altnordischen *Sonnenlied* eines christlichen Skalden:

„Männer sah ich da, die manchen Schatz
Gott zuliebe gegeben.
Helle Kerzen überm Haupte ihnen
schienen mit schimmerndem Glanz.

Männer sah ich da, die aus mildem Herzen
den Armen geholfen hatten.
Heilige Bücher und himmlische Schriften
lasen über ihnen die Engel.

Männer sah ich da, die ihrer Mutter
das Mahl zum Munde geführt.
Auf Himmelsstrahlen standen ihnen
die Betten gebreitet."[71]

Meist sind die Himmelsbewohner hierarchisch gegliedert,
Spiegelungen der irdischen Ständegesellschaft, so in vielen
visionären Schauungen (etwa *Fis Adamnáin*, Elisabeth von
Schönau, Mechthild von Magdeburg): Apostel, Märtyrer,
Bekenner, Jungfrauen, Witwen u.a. bilden jeweils einen eigenen Chor[72]. Die Standeszugehörigkeit erscheint in ihrer
Kleidung und ihrem Schmuck sowie der Zuordnung zu
einem der neun Engelschöre. Diese Gruppenbindung wurde
gelegentlich schon bei der Darstellung der Todesstunde
zum Ausdruck gebracht, bei den 10000 Märtyrern der Thebäischen Legion erfolgt die Himmelfahrt gemeinsam, „alle"
ihre Seelen sind in dem von Engeln hinangetragenen Tuch
zusammengedrängt (Fresko in Lobenfeld, Württemberg,
Evang. Kirche, 14. Jh.).

Auch andere Bilder aus dem realen Leben umschrieben
die Existenz der Seligen, wobei die Verhältnisse eines irdischen Herrscherhofs auf den Himmelskönig und sein Reich
übertragen wurden: Konkret als Mahlgemeinschaft nach
Lukas 13, 28f., 22, 16–18 wird der Himmel in einem Gedicht des 10. Jahrhunderts gezeichnet, wo Christus mit den
Seinen „fröhlich sitzt und schmaust" und Johannes d. T.
den Wein in goldenen Bechern kredenzt[73]. Ähnlich, halb
realistisch, halb metaphorisch, ist dieses Reich aber auch
bei dem berühmten Prediger Berthold von Regensburg vorgestellt[74]. Die niederländische Mystikerin Liedewij von

Schiedam (1380–1433) wird entrafft und in ein Paradies geführt, wo es viele „köstliche Tische und Decken mit köstlichen Tüchern gab, und darauf kamen die [von ihr gespendeten] Almosen, recht als ob sie vom Himmel gefallen wären, aber nicht weniger, sondern sogar vermehrt ... Bisweilen sah sie sich selbst, wie sie die Heiligen bediente, dann wieder sah sie sich bei ihnen sitzen und mitessen und -trinken ..."[75]

Gestaltet ist der Himmel selbst meist als Himmlisches Jerusalem nach der *Apokalypse* (wie im eingangs zitierten Gedicht *Himmel und Hölle*); sonst wird er auch gern mit den Attributen des „Lustortes", d. h. des irdischen Paradieses, ausgestattet. So etwa in der Vision des Adamnán, einem irischen Text wohl des 10. Jahrhunderts, der deutlich frühchristliche Apokryphen verarbeitet. Anders als im späten Mittelalter bleiben die Gruppen der Heiligen hier noch hierarchisch gestuft unter den himmlischen Heerscharen. „Denn so groß und weit der Glanz und das Leuchten im Land der Heiligen sein mag, tausendmal größer ist der Glanz in der Region der himmlischen Heerscharen um den Thron des Herrn." Dieser Thron ist wie ein Hochsitz gebaut, und darunter sind vier wundersam erklingende Säulen aus Edelsteinen. Vögel und Erzengel preisen Gott, indem sie vor seinem Thron herrlich die acht kanonischen Stunden singen. Abertausende umkreisen in Pferde- und Vogelgestalt das ewig brennende Zentrum. Niemand freilich könnte den Glanz des Glorreichen selbst beschreiben, von dem ununterbrochen Boten ausgehen und zurückkommen. Dreitausend verschiedene Lieder werden von jedem der Chöre um ihn gesungen. Der Thron steht in einer Stadt aus Kristall, von sieben in der Höhe gestaffelten Mauern umzogen. Siebentausend Engel erleuchten die Stadt, als ob sie große Kerzen wären; siebentausend weitere stehen in ihrer Mitte in Flammen. Eine Wand aus Eis und eine aus Feuer, die unaufhörlich zusammenprallen, sichern die Tore, um Sterbliche und Sünder von der Stadt abzuhalten. Denn die tieferliegenden Himmel sind in dieser Vision als Orte der Strafen gestaltet, die von den Engeln vollzogen werden – beides nach vormittelalterlicher apokrypher Tradition[76].

Jerusalem, der irdischen Stadt, die typologisch „das Urbild jener darstellt, die in den Himmeln unsere Mutter ist"[77], wie Bernhard von Clairvaux sagte, war in Himmelsschilderungen eine der am liebsten aufgegriffenen Möglichkeiten, bot doch die *Apokalypse* des Johannes selbst diese Gestalt der anderen Welt an. Ein schönes Beispiel findet sich in der Vision des norddeutschen Bauern Gottschalk, die auch wegen der ausführlich mitgeteilten Vorgeschichte zu den bemerkenswertesten Texten des Hochmittelalters zählt: Im Winter des Jahres 1189 auf 1190 ließ Herzog Heinrich der Löwe, der die Abwesenheit Kaiser Friedrich Barbarossas auf dem Kreuzzug zum Aufstand nutzte, die Burg Segeberg in Holstein von seinen Truppen einschließen. Zu diesen Truppen wurden die Bauern der umliegenden Kirchspiele einberufen, unter ihnen ein gewisser Gottschalk, der aus einem dem Augustiner-Chorherrnstift Neumünster in Mittelholstein zugehörigen Dorf namens Horchen (unweit des Einfelder Sees) kam. Er war ein freier Bauer, anständig und fromm, aber bitter arm, ein Kätner, der dem Aufgebot mitten im Winter nur barfuß nachzukommen vermochte. Vergebens hatte der kränkliche Mann versucht, von der Heerfahrt entbunden zu werden; wie seine Dorfgenossen mußte auch er sich auf den Weg machen, Frau und Kinder blieben voller böser Ahnungen zurück. Gottschalk hat seiner militärischen Pflicht nur einen Tag lang nachkommen können, denn die längst in ihm steckende Erkrankung kam schnell und mit schweren Fieberschauern zum Ausbruch. Nachdem er so eine Woche gelegen war, ohne Nahrung zu sich nehmen zu können, fiel sein Körper in eine fünftägige

Starre, während derer seine Seele die Reiche der anderen Welt durchwandern mußte (oder durchwandern durfte) und ihn nur eine kleine Bewegung der Lippen davor bewahrte, als Toter lebendig begraben zu werden. In diesem Zustand transportierten ihn seine Nachbarn auf einem Karren nach Hause zurück, wo er endlich wieder zu sich kam. Doch noch so lange, wie man sein späteres Schicksal verfolgen kann, blieb ihm die Krankheit, schwebte er weiter zwischen Leben und Tod.

Dieser Bauer war bislang ein ganz unauffälliger Durchschnittschrist gewesen. Erst die Vision, die er während seiner Krankheit durchlebte, machte ihn so bekannt, daß ihn viele Gläubige aus der Umgebung aufsuchten, um mehr und Authentisches über die andere Welt zu erfahren. Darunter waren zwei Priester; sie brachten die Schauungen Gottschalks ganz unabhängig voneinander in lateinischer Sprache zu Pergament, womit wir über eine für jene Zeit fast einmalige Überlieferung verfügen: dieselbe Erzählung liegt in zwei selbständigen Fassungen vor, die trotzdem im Inhalt genau miteinander übereinstimmen.

Gottschalk mußte zuerst mit vielen anderen Seelen die Fegefeuerregionen durchwandern (s. unten S. 104 ff.), danach gelangte er über einen Fluß voller Schwertschneiden in die Gnadenregionen. Verschiedene Bauten, darunter auch eine große Basilika, waren da zu sehen: Überall wohnen gerettete Seelen. Das Zentrum dieser Regionen ist jedoch „eine in einem flachen Feld gelegene Stadt von so unendlicher Länge und Breite, daß er ihr Ende, wiewohl er doch über viele Meilen hinblicken konnte, keineswgs auszumachen vermochte; und für die, die eintreten wollten, war sie allenthalben zugänglich, allenthalben offen ..." Auch jedes der Häuser in ihr stand offen, nur aus einer Wand und schmalen Stützen konstruiert. Darin gab es lange Sitzbänke, so daß in jedem dieser Bauwerke etwa 1000 Seelen Platz hatten. „Die gesamte Architektur der ganzen Stadt aber war strahlend und durchstrahlend, so daß z. B. die Mittelwand eines Hauses nicht verhinderte, daß die zu ihren beiden Seiten Sitzenden einander anblicken konnten. Es war dies aber die Wohnstätte aller in ihr mit Freude Erfüllten, ob ihre Bürger auf den Plätzen spazierten und in der Glorie frohlockten, ob sie auf ihren Sitzen ruhten und sich in ihren Räumen freuten: Dauernd ließen sie ein Freudenlied erklingen, nicht mit lauter Stimme, sondern mit lieblich tönender. Wie aber die Stadt selbst unbegrenzt war, so erwies sich auch die Menge ihrer Bewohner als unzählbar. Durch alle Generationen und Zeitalter, aus allen Nationen und Völkern vereinigte und umfing sie abertausende Menschen ...“[78] So sehr Gottschalk im Fegefeuerteil noch Elemente der germanischen Mythologie mit christlichen vermengte (s. unten S. 104 ff.), so deutlich ist seine Himmelsvorstellung – wohl durch die Predigt, vielleicht auch durch Wandmalereien – ganz von der biblischen *Apokalypse* geprägt.

Ebenso von diesem neutestamentlichen Text beeinflußt, aber sehr eigenständig, ist auch die Himmelsschau, die der Kärntner Jurist und Priester Ulrich von Völkermarkt im Jahre 1240 in schwerer Krankheit erlebte. Das Gesicht dieses hochgebildeten Mannes wirkt paradoxerweise einfacher als jenes des genannten Bauern: Zu Beginn seiner Jenseitsreise sieht er sich auf einen unzugänglichen Bergipfel versetzt, tief unter ihm tobt ein wilder Strom dahin. Durch seinen Schutzengel aus dieser beängstigenden Lage gerettet, wird Ulrich über Marmorstufen auf einen lieblichen Berg geleitet, dort darf er sich in paradiesischen Wiesen und in einer kristallenen Badestube erholen, ehe er zu einem riesigen Kristallhaus kommt. Davor stand ein hoher Turm, der nur an der Spitze vier Fenster besaß. „In jedem stand einer von den Cherubim, der ein smaragdenes Horn an den Mund gesetzt hatte. Wenn einer von ihnen hineinbließ, erscholl der Himmel von der Harmonie derer, die in dem Haus

Das Himmlische Jerusalem
(Holzschnitt, Basel, 1489)

waren. Und jede Art von Musik ertönte von denen, die in dem Turm waren. Der Turm war von unten bis oben von zwölf Edelsteinen gebaut, wie in der Apokalypse zu lesen, so groß, wie Marmorquadern geschnitten zu werden pflegen. Die Edelsteine waren abgeteilt mit reinstem Gold an Stelle des Mörtels. Wer darin war, sah ich nicht, aber als ich meinen Führer fragte, wer hier weilt, antwortete er und sagte: ‚Hier weilt die höchste Weisheit.'" Ulrich darf dann einen Blick in das Haus werfen, wo er Maria und die Jungfrauen bei Tanz und Gesang schaut; als er wieder zurück in den Leib muß, bricht er in Tränen aus. Von seiner schweren Krankheit gesundet, erwacht er in seinem Bett[79].

In den Visionen der MystikerInnen und in der bildenden Kunst des Spätmittelalters trifft man im Gegensatz zu den älteren Jenseitsvisionen auch häufig auf himmlische Räume, die nicht unmittelbar die traditionellen Vorstellungen wiedergeben, sondern einen nicht näher definierten heiligen Raum beschreiben, in dem sich die Begegnung des Menschen mit Christus oder einem Heiligen abspielt. Es ist generell typisch für die Mystik, daß hierbei kaum die Ausgestaltung des Ortes interessiert, sondern die Beziehung zur Gottheit und die Gnadenereignisse. Von den Mystikerinnen des 13. Jahrhunderts wird z.B. Hadewijch auf einen paradiesischen Berg geführt, Mechthild von Hackeborn in ein goldenes Haus. Aber diese Orte werden von ihnen nur andeutungsweise beschrieben, da sich die Charismatikerinnen eigentlich nur für die Gespräche interessieren, die sie dort mit Gott führen. Diese werden von ihnen im Unterschied zum Aussehen der Räume ausführlich mitgeteilt[80]. Auch wenn der Ort konkret mit dem Himmel identifiziert wird, trifft dies im allgemeinen zu. So heißt es etwa bei Agnes Blannbekin: „Erhoben in den Geist sah sie den offenen Himmel und den Herrn in seiner Majestät und Glorie und alle Heiligen mit ihm und den Einfluß und die Einströmungen von Gott in die Heiligen in Gott. Dies ist das überströmende Einfließen der Gottheit in die Heiligen und die zurückfließende Danksagung von den Heiligen in Gott. Und abwärts blickend erschien ihr die Welt so wie eine Kugel, und eine unendliche Menschenmenge war auf Erden." Und ein anderes Mal: „Dann, in dieses Licht geführt, sah sie die himmlische Stadt. Das Licht beleuchtete ihr auch jenes, und alles, was sie sah, sah sie in jenem Licht … Und sie sah so Gott und erkannte die seligste Dreifaltigkeit deutlicher als in irgendeiner Vision (sonst). Darüber erzählte sie mir (dem aufzeichnenden Beichtvater) etwas, was ich mit dem Verstand nicht fassen konnte ... Sie sah und erkannte die Wohnstätten der Einzelnen in der Heimat und aller noch im sterblichen Fleisch Existierenden, und im schon genannten Licht bleibend, erkannte sie alle Menschen." Es gibt also keine eigentliche Beschreibung der Stadt, nur eine Erwähnung, ganz anders als bei den nichtmystischen Jenseitsvisionen. Blannbekin ist es viel wichtiger, etwas über den Gnadenstand der Menschen zu erfahren als über die Konstruktion der Himmelsstätten. Einmal erzählte sie ihrem Beichtvater folgende Vision über die drei Himmel: „Am Sankt-Nikolaus-Tag, als sie vom Leib des Herrn kommuniziert hatte und sich der Betrachtung widmen wollte, kam in derselben Kirche plötzlich die Hand des Herrn über sie, und es erschien ihr Christus mit dem Bischofsornat angetan und zeigte die drei Himmel. Der erste war der der seligsten Dreifaltigkeit. Als er ihr diesen zeigte, erstrahlte ein ganz unermeßliches, ihr freilich unerträgliches Licht, plötzlich verschwindend wie in einem Augenblick. Doch blieb das Licht, in dem ihr Christus erschien. Denn alle Erscheinungen oder Offenbarungen geschahen ihr in einem wohltuenden Licht. Der zweite Himmel war die Wohnstätte der Seligen. Der dritte Himmel war die gerechte und heilige, noch im Körper weilende Seele. Und sie hörte eine Stimme, die ihr sagte: ‚Alle Freuden, die du gesehen hast, und die Verklärung der Heiligen ist ein Wassertropfen im Vergleich zum Meer. So ist alles, was du gesehen hast, im Vergleich zu dem, was du noch nicht gesehen hast. Und wie ein Tropfen ist in Hinsicht auf das Meer, so ist jede Freude, die alle haben, die im Himmel sind, im Vergleich zu der Freude Gottes, an der er sich immer in sich freute und freut. Er freut sich um nichts weniger im dritten Himmel, d. h. an der heiligen Seele, die noch mit so vielen Schwächen umgeben ist und dennoch Gott so lieb und mit allen Kräften

Gott zu gefallen sucht."[81] Weder der erste noch der dritte Himmel dieses Gesichts ist eine wirkliche Jenseitsstätte, sondern es sind nur Bild gewordene Metaphern für die Trinität bzw. die Seele, die unter diesem Begriff gefaßt werden. Trotzdem konnten sie Gegenstand einer mystischen Schauung werden.

Wiewohl in jener Epoche Höllenangst ein stärkerer Motor für eine frommes Leben war als Himmelshoffnung, fehlte diese auch selbst nicht mystisch begabten Gläubigen keineswegs. Nicht in der Predigt, sondern in der Liturgie vor allem hörte man die gute Botschaft, wie sie etwa eine Strophe des wohl aus dem 14. Jahrhundert stammenden Weihnachtsliedes *In dulci iubilo* ausdrückt:

> „Ubi sunt gaudia?
> nyndert mer dan da,
> da dy engel singen
> nova cantica
> und dy schellen klingen
> in regis curia.
> Eya, wer wir da,
> Eya, wer wir da."[82]

(Wo ist Freude? Nirgends mehr als dort, wo die Engel neue Lieder singen und die Glocken klingen: am Hof des [Himmels]königs. Oh, wären wir da!)

In der Kunst gab es manche Darstellung der Himmelsstadt, namentlich auf gotischen Weltgerichtsbildern, wo die zur Rechten Christi Auferstehenden von Engeln empfangen werden. Immer wieder haben Maler und Bildhauer den Moment dargestellt, wo Petrus diesen Gerechten das Tor zum Himmel aufschließt, der ganz wie eine zeitgenössische Stadt oder ein Palast gestaltet ist, oder richtiger: als eschatologische Vervollkommnung der Idee der Stadt und des Palastes.

Aber neben solchen oft sehr detailreichen Schilderungen von Idealarchitekturen (z.B. Kuppelfresko des Domes zu Gurk, Kärnten, um 1260) dienen u.a. von Engeln gehaltene Teppiche als Hintergrund, der einen sakralen, dimensionslosen Himmelsort evoziert, vergleichbar mit den symbolischen Räumen, die in der Mystik geschaut werden. Dort treffen die Himmlischen mit ihren Verehrern zusammen, wie es z.B. Stephan Lochners Madonna mit dem Veilchen im Kölner Diözesanmuseum zeigt. Daß das himmlische und das irdische Paradies miteinander verbunden sind, verdeutlicht besonders gut die bildliche Darstellung, die der Maler Johannes Rosenrod 1437 in der Kirche von Tenska (Schweden) schuf: Im Chor sieht man hier zusammen den Garten Eden als irdisches Paradies, dann die gegenwärtige Kirche

Abrahams Schoß (Gewölbemalerei von Michael Pacher, Neustift, Südtirol, E. 15. Jh.)

70

und schließlich das himmlische Paradies in Form der heiligen Stadt Jerusalem[83].

Vergleichsweise selten blieb die Himmelsvorstellung noch der alttestamentlichen Konzeption vom Schoß des Patriarchen Abraham verpflichtet. Bekannt ist die Vollplastik (um 1230) im Bamberger Dom: die glücklich lächelnden nackten Seelchen im Gewandbausch des großen Heiligen. Michael Pacher († 1498) hat ähnlich die von Engeln in Abrahams Schoß abgesetzte Seele im Kreuzgang des Klosters Neustift b. Brixen abgebildet.

Man versuchte im Mittelalter auch, dieses Himmlische Jerusalem schon in die jeweilige Gegenwart herunter auf die Erde holen. Der Kirchenbau an sich, namentlich aber die gotische Kathedrale, deuten schon hier in dieser Welt an, was in der anderen zu erwarten ist. Dies war die theologische Begründung für die Pracht, mit der man die Kirchen, Kapellen und Abteien ausstatten ließ, obwohl manche, auch durchaus orthodoxe Kritiker wie z. B. Bernhard von Clairvaux meinten, das Geld sei den Armen geraubt, die eigentlich davon Almosen bekommen sollten[84]. Deutlich wird diese Vorstellung, die materiellen Schätze würden auf die himmlischen verweisen, etwa in der Beschreibung der Abtei von Fécamp, die um 1111 der Erzbischof Balderich von Dol verfaßte: „Jene Halle wird Himmelspforte und Palast Gottes selbst genannt und dem Himmlischen Jerusalem verglichen. Von Gold und Silber blitzt sie nur so, seidene Chormäntel erhöhen sie, sie rühmt sich der Heiligenreliquien, vor allem der Anrufung der Heiligen Dreifaltigkeit … Feierlich und in Scharen strömen die Wallfahrer zu ihr zusammen."[85] Ähnlich dachte der bekanntere Abt Suger von Saint-Denis, als er seine Klosterkirche auf das prächtigste neu erbauen ließ, die, 1144 geweiht, zu einem der Vorbildbauten für den neuen Stil der Gotik werden sollte.

Irdisches Paradies

Der Garten Eden des *Alten Testaments* zählte im Mittelalter ebenfalls zu den Jenseitsorten. Denn er war nach Vorstellung zahlreicher Autoren jener Epoche auch nach der Vertreibung der ersten Menschen aus ihm keineswegs leer. Vielmehr diente er nach dem Auszug der Ureltern als Verweilort für jene guten Seelen, die erst beim Endgericht in den Himmel eingehen würden. Die Nürnberger Mystikerin Barbara Tucher z.B. erfährt um 1420 in einer Offenbarung ausdrücklich, daß die Seelen, die das Fegefeuer hinter sich gebracht haben, in das „leiplich paradeis" eingehen[86]. Im etwa eine Generation später entstandenen *Redentiner Osterspiel* befiehlt Jesus dem Erzengel Michael, als er die Höllentore zerbricht, um die Altväter zu befreien, alle ins Paradies zu bringen, wo sie auf ihn warten sollen[87]. Daher ist auch das irdische Paradies unter die Jenseitsorte einzureihen. Daß die Menschen in der Vor- oder Urzeit in einem gartenähnlichen Lustort lebten, den sie später verloren, ist eine nicht nur aus dem Judentum bekannte Vorstellung. Die Inseln der Seligen, wie sie die Antike oder die Kelten kannten, sind eine Variante dieses Glaubens genauso wie der griechisch-lateinische Mythos vom „Goldenen Zeitalter".

Der Gottesgarten oder Garten Eden der *Genesis* sowie die Prophezeiung der *Geheimen Offenbarung* (21f.) waren natürlich auch für die Paradiesesschilderungen des christlichen Mittelalters grundlegend. Doch wurde die biblische Beschreibung um manche Details aus anderen Traditionen erweitert: aus den Apokryphen, der keltischen Mythologie, orientalischen Berichten ... Wichtig waren auch frühchristliche Schriften, namentlich Dichtungen, die Tertullian und Laktanz zugeschrieben wurden, sowie die Predigt *vom Paradies* des hl. Ambrosius von Mailand, in der er die entsprechenden Bibelstellen wörtlich und allegorisch auslegte.

In der Regel beschrieb man die Position dieses Ortes als im Osten gelegen und normalen Sterblichen wegen verschiedener Hindernisse unzugänglich. Vor allem thront das Paradies auf einem Berg, der so hoch ist, daß es auch von der Sintflut verschont blieb. Bisweilen wird das Paradies auch gleich zwischen Himmel und Erde lokalisiert, nämlich in der Mondsphäre[88]. Aber die dominierende Tradition läßt es auf der Erde, so daß dieser mythische Platz sich sogar in einer ganzen Reihe von mittelalterlichen Weltkarten eingezeichnet findet und deshalb auch Ziel von Suchexpeditionen sein konnte[89].

Gemeinsam sind fast allen Schilderungen dieses Ortes einige Züge, wie sie exemplarisch etwa die Jenseitsreise einer Kölner Begine namens Petrissa aus dem Anfang des 13. Jahrhunderts enthält, die sie körperlich erlebt haben will[90]. Trotz mancher eigener Vorstellungen bietet die Frau im großen und ganzen ein allgemein verbreitetes Bild: Das Paradies liegt, von anderen Gegenden vollkommen unzugänglich getrennt, auf einer Hochebene am Ende der Welt hinter riesigen Bergen, dahinter ist nur noch Ozean. Keine Kälte oder Hitze, sondern gleichmäßige, frühlingshafte Temperaturen herrschen, kristallklar ist das Erdreich, dem vier Paradiesströme entspringen. Es gibt eine Quelle, Schwäne in den Flüssen, Störche an den Ufern, Pfauen auf den Wiesen, eine Ebene, die mit Obstbäumen durchsetzt ist, in welchen Nachtigallen singen. In der Mitte steht der Baum, unter welchem sich Petrissa mit ihren Gastgebern unterhält, den alttestamentlichen Patriarchen Enoch und Elias. Das ist der Baum der Erkenntnis, der vollkommen gerade gewachsen ist, sich vollkommen gleichmäßig zu einem wie mit dem Zirkel gemachten Rund ausdehnt. Die Früchte sind wundervoll und verführerisch, und die Visionärin darf einen Apfel, zu dem sie auf wunderbare Weise emporschwebt, probieren und erfährt so, wie gut die Früchte schmecken und stärken. Unter dem Baum der Erkenntnis spricht Petrissa mit Enoch und Elias. Diese beiden Propheten findet man in vielen mittelalterlichen Texten über das Paradies: Gott hatte sie ja vor dem Tode bewahrt, weswegen sie nicht in den Limbus gebracht wurden, sondern an jenem Lustort auf die Endzeit warten durften. Dann allerdings werden sie gegen den Antichrist zu kämpfen haben, der sie töten wird, ehe Gott ihn selbst niederstreckt[91]. Die Vögel des Paradieses werden in anderen Texten regelmäßig als Seelen erklärt, die in dieser Gestalt auf die Endzeit warten. Andere Schilderungen, namentlich die bildlichen, lassen ihnen auch ihre sonst in Jenseitsdarstellungen übliche menschliche Gestalt.

Mehr kosmologisch orientiert ist die Vision einer anderen Begine, der schon genannten Agnes Blannbekin: „Am Auferstehungstag, als sie kommuniziert hatte, kam über sie die Hand des Herrn, und jenen ganzen Tag bis zur Mitte der folgenden Nacht war sie im Geiste, und ihre Seele wurde entrafft in ein sphärisches Licht, von dem sie meinte, es sei die materielle Sonne, aber (so) war es nicht. Denn, so wie sie nachher belehrt wurde, es war nicht die Sonne, sondern ein göttliches Licht so gegen Osten, und sie selbst wurde festgehalten in dem Licht und mit dem Licht geführt. Und sie kam an einen sehr lieblichen Ort, der mit Bäumen bepflanzt und voll von verschiedenen und köstlichen Früchten war. Dieser Ort war jener, in den der Herr die ersten Menschen gesetzt hatte, wie sie nachher belehrt wurde. Dann, in jenem Licht geführt, sah sie unten die Erde und die Umgebung weitesthin. Und die Erde war rund nach Art einer Kugel, und in Hinsicht auf die Umgebung schien die Erde kaum gleich einem Apfel in der Größe, und sie schien dunkel und nicht angenehm anzusehen, sondern eher geringzuschätzen im Vergleich zu der Helligkeit der Umgebung."[92]

Ein besonders wichtiger Bestandteil des Paradieses ist meist die Quelle oder der Brunnen, da es in der *Bibel* heißt, der Erlöser sei der Quell des ewigen Lebens (Jo 4, 14). Schon die *Historia Francorum* des Bischofs Gregor von Tours (538–594) bewahrt eine Vision aus dem Jahre 583, in der dieses Motiv ganz zentral figuriert. Sie wurde von einer Nonne des Heilig-Kreuz-Klosters bei Poitiers erlebt. Die Vision läßt – was hier sicher nicht auf bewußter Reflexion beruht – die existentielle Grundsituation des Christen anklingen: Er ist Pilger auf dem Weg zum Paradies. Die Nähe des Erlösers wird durch den Brunnen mit dem von ihm versprochenen Lebenswasser und das von ihm gesandte himmlische Kleid symbolisiert. Die Reaktion des Mädchens zeigt beispielhaft, wie sehr „übersinnliche" Erlebnisse dieser Art das Leben eines mitttelalterlichen Menschen verändern konnten: Sie läßt sich für den Rest ihrer Tage einmauern, um die extremste, von der profanen Welt abgeschiedenste Form monastischen Daseins zu führen.

„Ein Mädchen dieses Klosters sah ein Gesicht, das sie den Schwestern erzählte: Sie meinte, so sagte sie, daß sie einen Weg zurücklege; und es war ihr Wunsch, im Gehen zum lebenden Quell zu gelangen. Und als sie den Weg nicht wußte, kam ihr ein Mann entgegen und sagte: ‚Wenn', sprach er, ‚du zum lebenden Quell hinkommen willst, werde ich dein Wegbereiter sein.' Jene aber dankte und folgte dem Voranschreitenden. Als sie dahinwanderten, kamen sie zu einem großen Quell, dessen Wasser so wie Gold schimmerten; die Gräser aber strahlten nach Art verschiedener Edelsteine im Lichtglanze. Und der Mann sagte zu ihr: ‚Siehe, der lebende Quell, den du mit vieler Mühe gesucht! Sättige dich nun von seinem Strom, daß er dir ein Quell lebend fließenden Wassers ins ewige Leben werde!' Und als jene gierig von diesem Wasser schöpfte, siehe, da kam von der anderen Seite die Äbtissin und bekleidete das Mädchen, nachdem sie es ausgezogen, mit einem königlichen Gewand, das von so viel Licht und Gold und Juwelen widerschien, daß man es kaum ansehen konnte. Dabei sagte ihr die Äbtissin: ‚Dein Gemahl sendet dir nämlich diese Geschenke.' Als das Mädchen dies geschaut hatte, war sie im Herzen getroffen. Und nach wenigen Tagen bat sie die Äbtissin, daß sie ihr eine Zelle vorbereite, in der sie eingeschlossen werden wollte ..."[93] Das Bild des Paradieses ist es, das in dieser jungen Frau solche Hoffnung auf das Leben nach dem Tode entzündet, daß sie dafür das irdische Leben als freiwillig Gefangene zubringen will.

Doch beschränkte sich die Faszination des Gartens Eden im Mittelalter keineswegs auf Träume und Visionen. Es kursierte eine Reihe von Geschichten über Suchexpeditionen nach diesem wunderbaren Ort, den man ja ganz konkret im Osten, jenseits des unwirtlichen Ozeans, lokalisierte. Schon König Alexander d. Gr. habe auf seinem Indienzug, so fabelte man, eine Paradiesesreise unternommen[94]. Zuerst kam er durch ein Land der Dunkelheit, dann zum Brunnen des Lebens, der seine Natur dadurch offenbarte, daß ein toter Fisch, den der Koch des Königs dort waschen will, sogleich zum Leben erwacht. Weiter in dieses Reich vorzudringen vermochte allerdings selbst der Welteroberer nicht. Nach einer anderen Überlieferung gelangte Alexander zu Schiff mit 500 jungen Männern seiner Armee bis zu einer wundersamen Stadt, als er den Ganges stromaufwärts befuhr. Er hatte nämlich von den Einheimischen gehört, daß dieser Fluß direkt aus dem Paradies entströme. Es ist die Stadt, in der nur die Gerechten den Jüngsten Tag erwarten dürfen, und daher vermag der Makedone auch hier nicht einzudringen. Nur einen Wunderstein kann er von seiner Expedition mitbringen. Eine andere Episode der Alexander-Legende erzählt, daß im Paradies zwei bis in den Himmel reichende Bäume stehen, der der Sonne und der des Mondes. Diese Bäume können sprechen, und sie weissagen dem Herrscher, daß er zwar die Welt unterwerfen werde, aber nie die Heimat wiedersehen solle.

Ein ebenso fiktiver, diesmal norwegischer Paradiessucher war Erik der Weitgereiste, der vor der Jahrtausendwende gelebt haben soll. Die in vielen Handschriften erhaltene altnordische *Eiríks saga vídhförla* (um 1300) erzählt, wie dieser Königssohn zu Weihnachten gelobte, die Wiese der Unsterblichkeit zu suchen, das sagenumwobene Odinsland. In Konstantinopel wird er zum Christentum bekehrt. Auf seiner Suche gelangt er zu einem Strom, jenseits dessen ein schönes Land liegt. Als er die Brücke dorthin zu überqueren sucht, wird er von einem Drachen, der sie bewacht, verschlungen. Durch die Dunkelheit des Drachenbauches kommt er zu einem Platz, den er für das Paradies hält, aber sein Schutzengel belehrt ihn, daß dies nur ein für ihn besonders geschaffener Ort ist. Erik kehrt in seine Heimat zurück und wirkt dort für die Annahme des Christentums[95].

Auch andere Weitgereiste des späten Mittelalters, wie Marco Polo oder der wohl fabulöse Mandeville, erwähnen in der einen oder anderen Weise das irdische Paradies. Letzterer, angeblich ein englischer Ritter im Dienste des Sultans von Ägypten und des Großkhans der Mongolen, will in der 1. Hälfte des 14. Jahrhunderts weite Fahrten durch Asien unternommen haben; sein Reisebericht wurde eine Hauptquelle der geographischen Vorstellungen des späten Mittelalters. Östlich des Reichs des sagenumwobenen Priesterkönigs Johannes in Indien erstreckt sich demnach nur finstere Wildnis. Dahinter liegt das Paradies. Mandeville konnte nicht selbst dorthingelangen, erfuhr aber folgendes: Das Paradies wird von einer pflanzenüberwachsenen Mauer und einer Feuerlohe geschützt. In seiner Mitte liegt eine Quelle, die in vier Ströme mündet. Diese durchziehen die Erdkugel, um dann in Asien wieder an die Oberfläche zu treten;

Ganges, Euphrat und Tigris zählen zu ihnen. „Viele große Herren haben zu unterschiedlichen Zeiten versucht, über diese Ströme zum Paradies zu gelangen, aber ihre Reisen konnten nicht gelingen. Einige von ihnen starben aus Erschöpfung vom Rudern und der übergroßen Mühe, einige wurden vom Lärm des Wassers blind und taub, und einige ertranken in den wilden Wellen ...“[96]

Auch die Frühneuzeit glaube an den Paradiesesmythos. Als Christoph Columbus die Neue Welt entdeckte, identifizierte er sie zunächst mit dem Garten Eden. Sein Gefährte Ponce de León, der Florida entdecken sollte, glaubte, dort den mythischen Jungbrunnen suchen zu können[97].

Die auf keltischen Seefahrergeschichten beruhende *Seereise des hl. Brandan (Navigatio S. Brandani)* wurde in be-

Brandan betritt das mauerumschlossene irdische Paradies
(Holzschnitt, deutsch, um 1476)

sonderem Maße Trägerin der Sehnsucht nach dem Paradies. Diese Legende war in unterschiedlichen Versionen weit verbreitet[98]. Ihnen gemeinsam ist, daß der irische Heilige (der eine historische Persönlichkeit des 6. Jahrhunderts war) mit seinen Mönchen eine abenteuerliche Meerfahrt zu bestehen hatte, um die „Terra repromissionis", das versprochene Land der Seligen, zu finden. Dabei stoßen sie u. a. auf eine Insel, die sich als Walfisch entpuppt, auf Inseln, die paradiesischen oder fegefeuerähnlichen Charkter haben, werden von Unwesen bedroht und von Engeln und Seelen in Vogelgestalt begleitet usf. Schließlich gelangen sie nach siebenjähriger Seefahrt tatsächlich zum Paradies.

In einer besonders phantasievollen Florentiner Bearbeitung der Legende aus dem 14. Jahrhundert wird es so beschrieben: Eine edelsteingeschmückte Straße führt ins Innere einer paradiesischen Insel. Zu ihrer Seite sitzen bunte Frösche, die „ordentlich und gut einen süßen Gesang sangen, lieblich anzuhören" (im Paradies ist sogar das auf Erden Häßliche schön). Die Bäume stehen stets in Blüte und tragen zugleich Frucht. Ein breiter Strom erglänzt in vier Farben: kristallklar, weinrot, milchweiß und ölhell, voller Edelsteine. Über den Fluß spannt sich eine Brücke mit einem goldenen Torbogen, der in Reliefs den Kosmos abbildet, das ganze Alte und Neue Testament, dann Papst und Kaiser. Aber auch das Weltgericht ist hier im Bild präsent – mit einem Wort: das Insgesamt von Raum und Zeit, beides theologische Kategorien nach mittelalterlich-christlicher Konzeption. Jenseits der Brücke erhebt sich die Burg Belvedere aus kostbaren Steinen. Allerdings: dieser Wunderort ist noch nicht das eigentliche Paradies; die Mönche setzen nochmals Segel, da umgibt sie plötzlich eine dichte, aber süß duftende Wolke – sie bewahrt normalerweise den Garten Eden vor jedem menschlichen Zugriff, wird nun aber für den Heiligen gelüftet: Eine riesige Sonne, die nie untergeht, verbreitet strahlende Helle über einem vollkommenen Land – es ist Gott selbst. Wilde und zahme Tiere und Vögel, Pflanzen, Wege und Straßen, alles erfreut das Auge aufs höchste. Es gibt nicht mehr Hunger, Durst oder Schlaf. Die Erde ist bald azurblau, bald golden, bald glänzend weiß, bald dunkelrot, die Früchte herrlich usf. Auch Enoch und Elias und zahlreiche andere Heilige spazieren dort umher; sie prophezeien über die Geschehnisse der Endzeit. In einer hellen Flamme steht die Weltsäule, die den Himmel trägt, umzogen von einer Wendeltreppe aus kostbaren Steinen. Aber nur zu bald erscheint ein wunderbar singender Engel, der den Besuchern verkündet, die Sondererlaubnis Gottes sei nun zu Ende und die Zeit zur Heimfahrt angebrochen. Alle Mönche aber sind eingetragen im Buch der Seligen und des ewigen Lebens. Trotzdem treffen die Iren noch auf sieben wundersame Brunnen und sieben schöne Kirchen sowie einen Milchfluß mit goldener Brücke. Eine weitere Brücke, die von der Insel wegführt, ist allerdings zerbrochen, so daß die Mönche einen anderen Weg einschlagen müssen, der sie nach einer Engelserscheinung wieder zu ihrem Schiff bringt[99].

Diese Erzählung hat die Phantasie der Christen sehr beschäftigt, wie die zahlreichen Versionen und Übersetzungen beweisen. Noch der „Erdapfel", der erste, von Martin Behaim konstruiert Globus, verzeichnet eine „Insel Brandans", und auch in der Neuzeit gab es noch Versuche, sie zu finden. Und während die meisten ketzerischen Sekten des Mittelalters das Fegefeuer und einige auch die Hölle leugneten, glaubten manche sogar besonders intensiv an das Paradies: Aus Verhörakten des frühen 14. Jahrhunderts geht hervor, daß süddeutsche Häretiker der Zeit behaupteten, jährlich würden zwei ihrer Führer („Apostel") ins Paradies gehen, um von Enoch und Elias die Binde- und Lösegewalt zu empfangen[100]. Ihre Autorität kommt so direkt aus der Überwelt und bedarf nicht mehr der Gnadenvermittlung der katholischen Kirche.

Zusätzlich zu solchen realistischen geographischen Vorstellungen brachte das Spätmittelalter aber auch eine Fülle an Allegorien, die den Meditierenden in einen Paradiesesgarten versetzen, eine geistliche Version des in weltlichen Liebeslehren so häufigen Minnegartens. Dieser geistliche „Lustort" ist mit ganz realistisch wirkenden Pflanzen (Palme, Zeder, Apfel ...), aber auch phantastischen Tieren (Panther, Einhorn, Phönix ...) ausgestattet, die sich weniger der Naturbeobachtung als der *Bibel* und der spätantiken allegorisch-lehrhaften Literatur verdanken. Nach dem *Hohenlied* (4, 12 und 5, 1) wurde der Garten als Allegorie der Seele verstanden, diese aber zugleich als weibliche Personifikation dort mit Küssen und Umarmungen dem Gemahl Jesus vereint. Im Paradies der Seele, heißt es etwa in einer frühneuhochdeutschen Gartenallegorie, sollen wachsen die Lilien der Keuschheit, die Veilchen der Demut, die Rosen wahrer Liebe; der edle Ölbaum, das ist ein mitleidvolles Herz, der Feigenbaum, das heißt ein sanftmütiges Herz, und der süße Granatbaum dient als Labung der Kranken. Auch drei Vöglein sollen in dem Paradies singen: Amsel, Lerche und Nachtigall, sie bezeichnen drei Tugenden. Drei Gewässer sollen durch das Paradies fließen, Milch, Honig und Balsam, das sind Freuden der Menschen an Christi Menschheit, an seiner Seele und an seiner Gottheit – usf.[101]

Freilich setzte man das Paradies metaphorisch auch mit dem Kloster gleich, so etwa Bernhard von Clairvaux[102], und manche Klöster wie das 1234 im Bistum Posen gegründete der Zisterzienser oder das 1253 bei Schaffhausen errichtete der Klarissen haben gleich den Namen „Paradies" bekommen. Ein parodistisches englisches Gedicht um 1320 geht von dieser Konzeption aus: In dem hier geschilderten Klosterparadies gibt es bestes Essen und Trinken sowie erotisches Vergnügen mit den benachbarten Nonnen. Wogegen man im richtigen Paradies nur Früchte zu essen und Blumen zu sehen bekommt[103].

*Christus, der Brunnen des lebendigen Wassers
und die Seele im paradiesischen Garten
(Holzschnitt, niederländisch, 1487)*

Die bildende Kunst beschäftigte sich v. a. mit dem Paradies am Anbeginn der Zeit – es fehlt naturgemäß in keinem Schöpfungszyklus und wird regelmäßig als lieblicher Garten gestaltet, in dem alle möglichen Tiere, auch Raubtiere, friedlich miteinander leben. Daß gemäß biblischer Andeutung (Lk 23, 43; 2Kor 12, 4; Apk 2,7) das Paradies auch mit dem Himmel identifiziert wurde, zeigen besonders die idyllischen Paradiesesgärtlein und Gartenlandschaften der spätgotischen Malerei, wobei erstere dort gern Maria und andere Heilige in frommer Konversation vereinen (Stephan Lochner, Jan van Eyck, Dirk Bouts).

Auch die religiöse Architektur versuchte diese Idylle auszudrücken: Der Vorhof mancher Kirchen verkörpert mit seinen rechteckigen Außenmauern, dem Brunnen in der Mitte und der lieblichen Bepflanzung diesen Vorort des Himmels. Üblich war dieses gebaute Paradies z.B. bei den Gotteshäusern der Hirsauer Mönche[104], kommt aber auch sonst oft vor (z.B. St. Peter, Salzburg).

Schlaraffenland

Hier ist noch eine säkularisierte Variante des Paradieses zu erwähnen. Es ist wenig bekannt, daß die Fabel vom Schlaraffenland zu einem großen Teil auf die mittelalterlichen Paradiesesschilderungen zurückgeht[105]. Schlaraffe bedeutete ursprünglich „herumschlendernder Affe", war also ein Schimpfname für einen Faulenzer. Das utopische Wunderland, wo jeder ohne Arbeit im Vergnügen lebt, nannte man im Deutschen seit dem ausgehenden 15. Jahrhundert „Schlauraffen Landt". Die romanischen Sprachen verwenden dafür Cocagne, Cuccagna, ein Wort, das anscheinend mit deutsch „Kuchen" zusammenhängt: also „Kuchenland".

Was anderes ist dieser Lustort, wenn nicht ein profanes Paradies? Mögen solche Plätze auch schon in der Antike vorkommen und mag das recht sinnliche Paradies der islamischen Religion manche Züge geliefert haben, so sind die wesentlichen Elemente doch v.a. in den christlichen Jenseitsschilderungen enthalten. So trifft man z.B. in der im Mittelalter ungemein verbreiteten altkirchlichen *Paulusapokalypse* im Himmlischen Jerusalem einen Fluß aus Honig, einen aus Milch, einen aus Wein und einen aus Öl. An ihren Ufern wachsen fruchtbeladene Bäume[106]. Die Insel mit der Wunderburg und ihren Speisen, die der hl. Brandan mit seinen Gefährten besuchte, ehe er das eigentliche Paradies fand (s. oben S. 79 ff.), enthält schon fast alle Züge des Schlaraffenlandes. In der frühneuhochdeutschen Brandanlegende wird „das gute Erdreich, das dem Paradies gleicht", folgendermaßen beschrieben: „Und als sie (der hl. Brandan und seine Mönche) nun acht Jahre (auf dem Meer) gefahren waren, da kamen sie in dem neunten Jahr in ein Land, da fanden sie die allergrößte Wonne, die irgendwo auf Erden sein kann. Und es war das Land so fruchtbar, daß man alles darin fand, was man begehrte und haben wollte: Korn, Wein und alles, dessen man von allen Früchten bedarf – ohne jede Arbeit. Auch Fleisch war da ohne Flachsen. Da sind die Tiere und die Vögel zahm und auch die Fische im Wasser. Die Tiere und Fische kommen von selbst zu den Leuten an das Land. Und in dieses Land kam noch nie ein schädliches Tier, und es ist auch alle Zeit grün. Und dieses Land heißt ‚Gutes Land' und liegt weit weg von der (bewohnten) Welt … Und als sie nun in das Land kamen, da duftete es so gut darin wie im Paradies, und dieser Duft nahm ihnen alle Müdigkeit und Beschwernisse." Brandan kommt mit zwölf Mönchen zu einer Burg, die hoch in den Lüften schwebt; eine Hängebrücke führt zu ihr. Die Mauern waren aus Kristall und Kupfer und trugen als Reliefs die Bilder aller Tiere und Menschen so lebensecht, daß man davor erschrak. „Und in einem Saal standen ganz bequeme Betten, mit Seide und mit goldenen Teppichen bedeckt … In der Burg gab es ein Haus, dessen Boden war hell wie Glas und blau und hart wie Stahl. Dahinein war eine goldene Maserung gesprengt und gewirkt, durchzogen von Edelsteinen. In diesem Haus und in der Feste ist es immer hell und licht, schöner als die Sonne. Und da wird es auch nie naß vom Regen. Dann sahen sie einen sehr schönen Garten, da stand ein Zedernbaum drinnen, und darunter war ein lieblicher Anger, der war jederzeit grün und schön. Und an dem Zedernbaum hingen viele Trinkbecher, goldene Kannen und schöne, herrliche Tische, darauf Gerichte mit der allerbesten Speise, die man sich denken oder irgend auf Erden finden konnte. Und auf den Bäumen sangen die Vögel stets lustig und einen wohltönenden Gesang. Da entsprangen auch wunderbare Brunnen ... Und in dem Haus war alle Wonne, die nur in aller Welt sein kann." Diese Wunder interpretiert der Heilige freilich als Teufelstrug, dazu bestimmt, seine Mönche zu verführen. Er läßt sie daher sogleich, ohne irgendetwas anzurühren, auf ihr Schiff zurückkehren. Und in der Tat: Schon erscheint eine Armee von Mischwesen mit Schweinsköpfen, Hundeklauen, Kranichhälsen, bewaffnet mit Pfeil und Bogen. Es stellt sich heraus, daß es sich um jene Engel handelt, die beim Sturz Luzifers unentschieden blieben. Gott hat sie zur Strafe zwar nicht mit den Rebellen in die Hölle verbannt, aber sie müssen hier mit Höllenwesen und Waldschraten kämpfen, entbehren auch der Schau Gottes[107]. Man muß aus dem geistlichen Text bloß die skeptische Reaktion des Heiligen und diese Schreckgestalten am Schluß wegnehmen und unbefangen in dieses Wunderland hineingehen, dann ist man in einem ganz profanen Schlaraffenland.

Eine irische Erzählung schon des 12. Jahrhunderts, *Aislinge Meic Conglinne*, macht sich über die Paradiesesvisionen lustig, indem sie dem Helden eine Schau nicht des christlichen Himmels oder Paradieses, sondern des Schlaraffenlandes beschert: Über einen Milchsee erreicht er eine

Festung, deren Verteidigungsanlage aus dicken Eierkuchen besteht, die Brücke aus Butter, die Palisade aus Speck, das Tor aus Fleisch, die Pfeiler aus Käse ... Auch gibt es einen Weinbrunnen, Bier und Met rinnen in Strömen usf.[108] Seit der Mitte des 13. Jahrhunderts kommen auch in Frankreich und anderen Ländern rein weltliche Erzählungen über diesen Wunderort auf[109], und in der Malerei hat am Ende des Mittelalters Hieronymus Bosch im *Garten der Lüste* im Prado das Paradies in ein vornehmlich erotisches Schlaraffenland verwandelt – wenn man das Gemälde in diesem Sinne deuten darf (s. unten S. 168 f.).

Fegefeuer

Die Entwicklungsgeschichte des Fegefeuers war eine langsame; und immer hat diese Vorstellung ihre Kritiker gefunden[110]. Schon die Volksreligiosität der Juden und frühen Christen ging von der Möglichkeit einer Sündenreinigung im Jenseits aus, wenn auch nichts über einen bestimmten Ort für die Seelen gesagt wurde. Am deutlichsten spricht das II. *Makkabäerbuch* (12, 39ff.) von der Reinigung der Toten von ihren Sünden, die die Lebenden für sie ins Werk setzen können (der Text wurde in die katholische *Vulgata* aufgenommen, von allen anderen großen christlichen Kirchen aber als apokryph verworfen). Auch die Totengebete, die seit der Frühzeit des Christentums in der offiziellen Liturgie zu finden sind, erweisen, daß man erwartete, den Verstorbenen aus einem Zustand der Qual in den Himmel helfen zu können. Schon aus der Zeit um 175 ist ein christlicher Grabstein erhalten, dessen Inschrift um Gebete für die Seele eines gewissen Abercius bittet[111]. Im Mittelalter dachte man, vor allem vermittels von Seelenmessen die Toten aus ihrer schmerzlichen Lage befreien zu können. Dafür nahmen die Geistlichen natürlich Geld, was dann bis zur Reformation ein steter Kritikpunkt werden sollte. Bereits in den ersten Jahrhunderten dieser Epoche glaubten viele an einen Ort im Jenseits, an dem die Armen Seelen in Qualen ihrer Befreiung harren würden, obschon seine Natur unbestimmt blieb und er noch nicht theologisch definiert war. Dafür gibt es zahlreiche Belege, namentlich in der monastischen Kultur, oft sehr plastische Berichte von visionären

Schauungen dieses Straforts; wir werden unten ein Beispiel zitieren (S. 143). Als im Hochmittelalter Sekten auftraten, die ausdrücklich die Möglichkeit einer Hilfe vonseiten der Lebenden für die im Fegefeuer Brennenden verneinten, wurde die katholische Kirche dazu motiviert, das latent bereits lange Geglaubte auch theologisch zu durchdenken und dogmatisch festzuschreiben. Um 1144 meldete ein deutscher Probst dem hl. Bernhard von Clairvaux über die Katharer zu Köln: „Sie geben nicht zu, daß es nach dem Tode ein Fegefeuer gibt, sondern daß die Seelen sofort, wenn sie aus dem Körper entweichen, in die ewige Ruhe oder Pein übergehen ..."[112] Spätere Aussagen von Katharern, einer v. a. in Südfrankreich beheimateten Sekte, für die die Seelenwanderung eine ähnliche Funktion hatte wie der katholische Reinigungsort, gehen in dieselbe Richtung. Eben diese Leugnung war für die katholischen Gottesgelehrten im späten 12. und frühen 13. Jahrhundert der Anlaß, eine Fegefeuer-Doktrin auszubilden. Sie konnten so den genannten Häretikern, die Anhänger gerade mit der Möglichkeit einer Sündenreinigung durch Seelenwanderung gewannen, mit ihrer Konzeption eines jenseitigen Reinigungsortes eine Alternative entgegensetzen. Daß aber die Geistlichkeit den Fegefeuerglauben schrankenlos ausnützte, um durch Meßstipendien Gewinne zu erzielen, ergab immer wieder Ansatzpunkte für Kritik. So auch für die Waldenser, eine anfänglich rechtgläubige Gruppe, die in strenger evangelischer Armut lebte und bald wegen ihrer Laienpredigt verfolgt wurde. Doch gleichermaßen wegen ihrer Kritik an der katholischen Fegefeuerlehre: In Pamiers wurden 1320/21 drei Waldenser vor allem wegen ihrer Leugnung dieses Reinigungsortes hingerichtet.

In Aussagen des päpstlichen Lehramtes erscheint das Fegefeuer erstmals in einem Brief Innozenz' IV. von 1254; dogmatisiert wird es erst 1274 auf dem Konzil von Lyon[113], was das von Florenz 1439 ähnlich wiederholt, beide in Auseinandersetzung mit der Eschatologie der griechischen Kirche, die kein Fegefeuer anerkannte[114]. Die Entwicklung hatte freilich schon mit der Bulle *Benedictus Deus* einen entscheidenden Schritt genommen, in der Papst Benedikt XII. 1336 die Jenseitstopographie dogmatisch klärte.

Es scheint, daß die regelmäßigen Sammlungen für die armen Seelen in den Kirchen eine besondere Erfindung erst der Geistlichen des 14. Jahrhunderts in Südfrankreich waren, da man dort noch immer gegen Reste der nicht fegefeuergläubigen Katharer kämpfte. Die Intensivierung der Arme-Seelen-Devotionen im 15. Jahrhundert ist aber eindeutig ein gesamteuropäisches Phänomen; noch im Barock sollte es von großer Bedeutung sein, wie die zahlreichen Arme-Seelen-Altäre mit ihren lodernden Flammen und bittflehenden Figuren bezeugen, die sich aus dem 18. und 19. Jahrhundert v. a. in Landkirchen Süddeutschlands und Österreichs erhalten haben.

Doch war der Triumph des Purgatoriums begleitet von kontinuierlichen Zweifeln, da es im Unterschied von Himmel und Hölle keine sichere biblische Begründung besitzt. Für die um 1200 in Paris auftretenden Anhänger des Universitätsprofessors Amalrich (Amaury) von Bène († 1206) existieren Fegefeuer und Hölle als außerhalb des Gewissens bestehende Realitäten nicht. Die 1277 in Paris verurteilten Thesen heterodoxer Aristoteliker enthalten ebenso den Zweifel an der Leidensfähigkeit der Seele im jenseitigen Feuer. Wyclif, der bedeutendste englische Vorläufer der Reformation, wurde nach seinem Tode u. a. deshalb als Ketzer verurteilt, weil er es als „Blödsinn" bezeichnet haben soll, an die päpstlichen und bischöflichen Ablässe zu glauben[115]. Der den Hussiten nahestehende Theologe Nikolaus von Dresden erfuhr um 1420 dasselbe Schicksal, nachdem er in einem Traktat das Fegefeuer geleugnet hatte[116]. Hus hielt gleicherweise Ablässe für unwirksam, womit er die Lehre vom Fegefeuer (welches er als „dritte Hölle" bezeichnete) indirekt angriff. Schriften aus dem Umkreis des tschechischen Sektenführers verwarfen die Vorstellung ganz, die sie der Profitgier des katholischen Klerus zuschrieben, so etwa die *Taborer Manifeste* von 1430/31. Die Fegefeuerdoktrin bildete eine Hauptdifferenz zwischen den beiden Gruppen, in die sich die Hussiten spalteten, die konservativen Calixtiner und die radikalen Taboriten. 1417 versuchte die utraquistisch eingestellte Universität Prag, jedermann auf den Glauben an die Existenz des Reinigungsortes zu verpflichten, 1431 verwarfen die Taboriten dieses Dogma ausdrücklich.

Doch entfaltete solche Kritik nur regional Wirksamkeit. Im ausgehenden Mittelalter zeigte sich vielmehr in der ganzen katholischen Kirche eine intensive Suche nach Gegenmitteln gegen die angedrohten Strafen in der anderen Welt; unzählig sind die Ablässe, die um Unsummen erworben werden; eigene Spezialisten, „Sacerdotes Purgatorii", mittelfranzösisch „purgatoriens", Fegefeuerpriester, sammeln bei Bestattungen etc. Spenden und geraten darob in Konflikt mit den lokalen Pfarrern. In der Regel nicht in zynischer Ausnutzung einer Überzeugung der Laien, die sie selbst nicht geteilt hätten, sondern in Ausnutzung einer eschatologischen Erwartung, deren Gültigkeit sie auch für sich selbst durchaus anerkannte, machte die Geistlichkeit für sich die Spenden für die Toten zu einer hervorragenden Einnahmequelle. Man hat dieses Gebaren kürzlich einleuchtend als Form einer Versicherungsbeziehung beschrieben, wobei besonders den Bettelorden die Funktion der Makler, dem Ablaßbrief die des Vertrags und dem Papsttum die des Lizenzgebers zukam[117]. Andere Hilfestellungen wie etwa Gebete oder Fasten wurden keineswegs geleugnet, aber hintangestellt. So heißt es etwa im verbreiteten *Schäferkalender* des 15. Jahrhunderts: Vier Schlüssel gibt es, um das Purgatorium zu öffen; „deren erster ist die Oblation der Priester..."[118] – für die man entsprechend zu zahlen hatte.

Es war diese extreme Forcierung, man bedürfe unbedingt der so kostspieligen priesterlichen Vermittlung, um das Leiden der Toten abzukürzen, die schließlich zur Infragestellung und Widerlegung der Fegefeuerlehre in der Reformation gerade durch tiefgläubige Angehörige eben dieses Standes führte. Dabei ging man verschiedene Wege: Andreas Bodenstein von Karlstadt interpretierte die Flammen des Strafortes in einer Weise um, wie sie der Verinnerlichung theologischer Sätze durch die Mystik entspricht: Sie sind „die Sehnsucht der Seelen nach Vereinigung mit Gott, eine Sehnsucht, die das Eigene des Menschen verbrennt und zunichte macht"[119]. Luther vertrat seit dem Reichstag von Augsburg 1530 offen die Überzeugung, beim Fegefeuer handle es sich um eine „Lüge" der papistischen „Sophisten", die er im *Widerruf vom Fegfeuer* heftig angreift[120]. Das Ablaßwesen war bekanntlich schon 1517 die wesentliche Basis für seine Kritik gewesen. In den *Schmalkaldischen Artikeln* von 1537/38 wird das Purgatorium „ein lauter Teufels gespenste" genannt und namentlich dem „Fegfeurisschen Messen jarmarckt" eine weitere Absage erteilt[121]. Ablehnend ist auch die Lehre der anderen Reformatoren; für Calvin ist dieser Ort „eine verderbliche Fiktion des Satans"[122]. Und ein deutscher Spottvers von 1560 bestätigt:

„O du wildes und elends fegfewr
Du bist lang gewesen ungehewr.
Unnd wo du lenger hetst geweret,
Du hest uns Hab und gut verzeret."[123]

Irdische Purgatorien

Wie sah das Fegefeuer aus, wie ging es in ihm zu? Die mittelalterliche Vorstellungswelt kannte zwei Möglichkeiten, nach dem Tode von den Sünden gereingt zu werden. Eine

davon war die Buße im Fegefeuerkerker, also nach der verbreitetsten, auch von Thomas von Aquin und Bonaventura
gelehrten Auffassung im Inneren dieser Welt. Die zweite war
die Bestrafung auf dieser Welt. So schreibt der sel. Bischof
Jakob von Varazze (Voragine), der Verfasser der meistgelese-
nen der spätmittelalterlichen Legendensammlungen namens
Legenda Aurea, zum Allerseelentag: Die Läuterung nach
dem Tode findet statt entweder neben der Hölle oder in der
Luft oder in einer Trockenzone oder an besonderen Orten
dieser Welt. Zur Illustration dieser Möglichkeiten bringt er
ein Fülle von unterschiedlichen Exempeln[124]. Der Bogen
der Seelengestalten reichte von menschlichem Aussehen bis
zum Buschwerk und die Orte vom Grab bis zum Eiszapfen.
Es existierten manche lokale Traditionen, nach denen bestimmte Gegenden als Wohnstätten der gequälten Seelen
dienten, etwa jener Felsen bei Trier, wo die Teufel mit den
Sündern Ball spielen, wie Caesarius von Heisterbach im
frühen 13. Jahrhundert überliefert[125]. Im höfischen Roman
Walewein (13. Jh.) trifft der Held auf einen Fegefeuerstrom,
in dem die Armen Seelen leiden. Über ihn führt eine gefährliche Brücke, deren Funktion es offenbar ist, alle nicht
ganz hervorragenden Christen und vorbildlichen Ritter in
die Unterwelt zu stürzen:

> „Es gab kein Schermesser,
> geschmiedet aus Eisen oder Stahl,
> so scharf, das weiß ich wohl,
> wie es die Brücke war auf ihrem Rand,
> die der Walewein vor sich fand."

Der versengende Fluß darunter kommt aus der Hölle und
ist daselbst das Fegefeuer („vaghevier")[126].
Doch ließen sich Einzellegenden in geradzu beliebiger
Anzahl beibringen. Auch nach der schon genannten Brandansage gelangt der irische Heilige im Zuge seiner aben-

teuerreichen Seefahrt auf der Suche nach dem „verheißenen Land", dem Paradies, zu einem fegefeuerartigen Inselberg. Dort werden die von ihren Sünden zu reinigenden Seelen u. a. in Gestalt feuriger Vögel – die üblichste Tiergestalt der Seele in den Volkstraditionen überhaupt – von Feuer, Wind, Meereswogen und Eiseskälte gepeinigt[127].

Arme Seelen in Menschen- und Vogelgestalt im Fegefeuer
(Holzschnitt zur Brandanlegende, deutsch, um 1476)

Der ganze, oft untersuchte Komplex des „Wütenden Heers" (auch: Wütender Jäger, Wilde Jagd, mesnie Hellequin usw.) gehört hierher[128]. Die germanische Vorstellung von Odin als Totenführer dürfte ihm zugrundeliegen, doch wurde Ähnliches wohl auch von keltischen Stämmen geglaubt: Es gibt Tote, die zusammen im Sturm durch die Lüfte ziehen.

Daß diese Toten „in Wirklichkeit" die Seelen der büßenden Sünder seien, ist die christliche Interpretation dieser Vorstellung. Wir begegnen ihr zuerst im *Liber visionum* des nach 1067 verstorbenen Otloh von St. Emmeram, nach dem Papst Leo IX. von der „großen Schar in der Luft" gepredigt habe, in der Übeltäter in ihrer irdischen Gestalt von unsichtbarer Glut gequält würden[129]. Ausführlicheres steht in der *Kirchengeschichte* des Ordericus Vitalis (1075–1142). Dort begegnet ein gewisser Walkelin in der Einsamkeit der Neujahrsnacht des Jahres 1091 der „familia Herlechini". Es ist das Heer der Toten, das hier von Dämonen und den Reinigungsflammen gemartert auf Sätteln mit feurigen Nägeln vorbeireitet und das Gebet des Lebenden erbittet[130].

Ähnliche Geschichten kursierten weiterhin auch noch in der Renaissance und später. Bemerkenswerterweise wurde die Erzählung vom reitenden Totenheer auch in die Minne-Dichtung und -lehre übernommen und dort mit einer Absicht umgeformt, die ganz im Gegensatz mit der christlichen Sittenlehre steht: Hier werden jene Schönen, die ihre Liebhaber nicht erhörten, nach ihrem Tode qualvoll und bisweilen mit deutlich sexuellen Untertönen ähnlich gepeinigt, wie die Sünder gegen die Gebote der Kirche in den religiösen Texten. Davon zu erzählen, dient jedesmal dazu, die Zuhörerinnen dazu zu bewegen, ihren Galanen nachzugeben[131].

Doch gab es auch Kollektiverscheinungen. Bei Jakob von Voragine in der *Legenda aurea* aufgezeichnet und in der spätgotischen Malerei mehrfach dargestellt war die Geschichte von den „hilfreichen Toten", die denjenigen, der für sie gebetet hat, vor seinen Feinden retten, indem sie ihm aus ihren Gräbern auf dem Kirchhof aufstehend zu Hilfe kommen. Die Sage läßt sich von der klunyazensischen Exempelliteratur bis in die Gegenwart verfolgen[132]. Auch hier spielt also das Motiv der Hilfe für die Verstorbenen eine Rolle, und diese Hilfe wird nicht erst im Jenseits, sondern schon bei Gefahr hier und jetzt vergolten.

Das interessanteste Beispiel einer auf Erden erscheinenden Armen Seele bietet aber vielleicht *Arnt Buschmanns Mirakel*[133]: Buschmann war ein Großbauer in der Gegend von Duisburg, der 1437/38 eine Reihe von Erscheinungen seines Großvaters erlebte. Dieser, zunächst in Hundegestalt auftretend, bat ihn um Erlösung von den Fegefeuerstrafen, die er als Gespenst auf Erden von einem Teufel zu erdulden hatte. Die Sünden in der bäuerlichen Welt und ihre Vergeltung werden von dem Gespenst einläßlich geschildert. Der Seher war von dem, was er über die Furchtbarkeit der Purgatoriumsqualen erfuhr, so erschüttert, daß er schreiben lernte, um seine Mitmenschen davor zu warnen, nach Rom zog, um seine Aufzeichnungen dem Papst zu überreichen, und später selbst Geistlicher wurde.

Seit Martini 1437, also in der dunklen Zeit des Jahres, im November, eine Woche nach Allerseelen, wird Arnt Buschmann immer wieder von einem Hund verfolgt, der ihm so viel Schrecken einjagt, daß er bei seinem Pfarrer Rat sucht. Dieser erkennt sogleich die Natur der Kreatur und trägt Arnt auf, sie zu beschwören. Dies gelingt dem jungen Bauern eines Abends auf seinem Hof auch durch die einfache Anrufung der Macht Jesu Christi. Und sogleich verwandelte sich der Hund in „einen großen alten Mann und sprach mit heiserer Stimme wie ein Kranker: ‚Ich bin der Geist eines Christenmenschen wie du und war deines Vaters Großvater‘." Seit dieser ersten Offenbarung taucht Heinrich Buschmann immer wieder vor seinem Nachkommen auf, dunkelgrau gewandet, der Erde gleich, hastig sprechend, deutlich von Schmerzen gequält. Unheimlich wird es seitdem auf dem Buschmannhof: Der Geist rüttelt an den Wänden, daß sie einstürzen zu wollen scheinen und die Leute aus dem Bett springen.

Mit Weihwasser und Kreuzeszeichen beschworen, flieht der Dämon, der die Seele quälte, unter Blitz und Donner. Diese tut alsbald die übliche Bitte um Seelenmessen, um

Armenalmosen sowie um die Übernahme der von Heinrich gelobten, aber nicht ausgeführten Wallfahrt nach Aachen, um die Fegefeuerpein zu verkürzen. Aus drei Gründen vor allem büßt Heinrich Buschmann im Fegefeuer: Einundzwanzigjährig beging er eine „himmelschreiende Unkeuschheit" – es kann sich bei diesem Begriff eigentlich nur um Homosexualität handeln –, dann versuchte er, die Ehe eines seiner Söhne zu hintertreiben, weil ihm die gewählte Frau zu arm war, und ferner veruntreute er 12 Gulden, die er hätte an Arme spenden sollen. Schließlich hatte Heinrich Buschmann sich beim Tode seiner Frau derartig geärgert, daß er schwer erkrankte – nicht aus Kummer ob dieses Verlustes wie der Ackermann aus Böhmen, sondern weil ihm seine Kinder bei dieser Gelegenheit unter dem Bett verstecktes Geld entwendeten.

Eines Mitternachts bekommt Arnt eine ausführliche Schilderung über die andere Welt, die er mit einem verbundenen Auge empfangen muß, da der Geist nun erlöst ist und somit derartige Sonnenhelle verbreitet, daß das unverdeckte Auge gleich für zehn Tage erblindet. Im Dialog mit seinem Urenkel enthüllt der tote Bauer manches von den Gepflogenheiten des Jenseits. Dabei sind auch hier Elemente der offiziellen Dogmatik mit eigenen Vorstellungen zu einem glaubensmäßig „gelebten" Ganzen verschmolzen: Die seit Beginn ihres Lebens geistlich waren, kommen in den obersten Himmelschor, in dem er selbst weilt. Es ist die gängige Vorstellung von den neun Engelschören, die hier zugrunde liegt, und denen die Menschen je nach Verdienst zugeteilt werden. Die Guten und die Bösen sehen zur Verstärkung ihrer jeweiligen Freude bzw. Qual die anderen Jenseits-Stätten, wie der Geist mehrmals erwähnt. Der normale Prozeß ist der, daß beim Tod die Seele von ihrem Schutzengel ins Fegefeuer gebracht wird, um dann nach und nach immer höher aus der Pein gehoben zu werden. Dieser Aufstieg erfolgt präzise im Verhältnis zu den einzelnen guten

Werken, die die Lebenden für die Arme Seele leisten. Doch bei einer recht sündenbelasteten Seele, wie es die des Erscheinenden war, stürzen sich sogleich die bösen Geister auf sie, die nur durch den Eingriff der Engel daran gehindert werden können, sie in die Hölle zu schleppen. Der Tote kann aber darum bitten, auf der Erde zu büßen, d. h. dort von einem Dämon „gereinigt" zu werden. Daher gibt es z. B. – man denke an all die Spukorte der Volkserzählung – Seelen, die auf dem Acker, den sie unrechtmäßig erworben hatten, Buße tun müssen usw. Im Purgatorium gleichen die Strafen denen der Hölle, mit der Ausnahme, daß die Armen Seelen um die Endlichkeit ihrer Martern wissen. Auch in dem Übergangsort sind sie den bösen Geistern ausgeliefert (was im Gegensatz zur offiziellen Kirchenlehre – Thomas von Aquin und Bonaventura – steht, aber häufig in nichttheologischen Quellen, speziell der Visionsliteratur, zu belegen ist). Doch gibt es nach der Abbüßung der Purgatoriumsstrafen noch eine zehntägige Wartefrist (von der die offizielle Dogmatik auch nichts weiß), und zwar an einem Ort, der mit dem identifiziert wird, an den Christus nach nach seinem Tode die Vorväter führte. Dann erst wird die Seele in den ihr entsprechenden Engelschor eingeordnet. Auf die ängstliche Frage Arnts: „Kommen auch viele Bauern in die Pein, die schwer arbeiten müssen?" lautet die beruhigende Antwort des Geistes, er habe zwar viele im Fegefeuer, aber nur wenige in der Hölle gesehen. In der Hölle straft Gott nach Verdienst: wer nur eine Todsünde begangen hat, muß dort auf ewig „nur" unter einer Strafe leiden, wer hundert begangen hat, unter Hunderten, etc.

Heinrich Buschmann ist ein recht orthodoxer Geist, der ganz im Sinne der Kirchenlehre Sünden wie Eitelkeit, Geiz, Unkeuschheit, Mißachtung der Sonntagsruhe und besonders Spiellust rügt und die diesbezüglichen Gnadenmittel der Heiligen Mutter Kirche rühmt, natürlich auch nicht vergißt, die eschatologisch heilsame Wirkung der pünktlichen Bezahlung der Kirchensteuer (des Zehnten) zu erwähnen. Insofern er von zaubernden Frauen erzählt, die nur ins Fegefeuer müssen, da sie sich ihres Verbrechens nicht bewußt waren, sondern die dämonische Natur der weisen Frauen oder Holden verkannten, auch ein einigermaßen toleranter Geist, da ja solche Mißverständnisse vielen Männern und Frauen zur Zeit der Hexenverfolgung Tortur und Tod einbrachten.

Unterirdische Purgatorien

Es gab aber noch einen handfesteren Beweis für die Existenz des Fegefeuers, als es die Erscheinung eines Toten von dort war, die man glauben konnte oder nicht. Das war die Möglichkeit, es schon bei Lebzeiten leiblich zu besuchen. Seit dem 12. Jahrhundert waren in ganz Europa Schilderungen des Purgatorium S. Patricii im Umlauf, eines ganz realen Eingangs in die Unterwelt. Er befindet sich auf einer Insel im Logh Derg in der Provinz Ulster im nördlichen Irland und ist auch heute noch ein jährlich von Zehntausenden Iren besuchter Pilgerort, wiewohl die Möglichkeit zum Abstieg in das Fegefeuer seit 1780 nicht mehr besteht[134]. Die Wallfahrt hat nicht nur eine sehr interessante, dokumentarisch belegte Geschichte zwischen Verbot und Förderung erlebt, sondern geht wahrscheinlich auch auf eine vorchristliche Kultstätte zurück, was uns hier aber nicht weiter beschäftigen kann.

Der älteste und verbreitetste Bericht über das Patricius-Fegefeuer ist ein Traktat, der in den achtziger Jahren des 12. Jahrhunderts von einem Zisterziensermönch aufgezeichnet wurde. Der Autor erzählt (anachronistisch!), wie die Fegefeuer-Predigt des hl. Patricius bei den Iren auf so viel Unglauben gestossen sei, daß Gott ein Wunder wirken mußte, nämlich die Öffnung eines direkten Zugangs zu den Peinstätten für Lebende. Dann gibt er den mündlichen Bericht eines Ritters namens Owen wieder, der um 1150 drei Tage in dieser Unterwelt verbrachte. Was dieser Gläubige nach eindrucksvoller Vorbereitung (Fasten, Totenmesse) erlebt, ist eine Wanderung durch die verschiedenen Strafregionen der von Gott für Patricius als Anschauungsbehelf bei der Christianisierung der Iren geöffneten Höhle. Es ist eine Verlängerung der irdischen Pilgerreise ins Jenseits, auf der er nach den Peinstätten zur Probebrücke und zum Irdischen Paradies gelangt. Owen muß alle Torturen selbst durchkosten, das Feuerrad, den Eisfluß, das Schwefelfeuer usw. Der Grund dafür, daß ihm von den ihn führenden Dämonen solches angetan wird, ist seine stete Weigerung, ihrer Aufforderung Folge zu leisten, zum Eingang zurückzukehren. Vielmehr gelingt es dem geistlichen Helden, dieses „Abenteuer" siegreich durchzustehen, wobei ihm die Anrufung des Namens Jesu aus allen Gefahren hilft.

Die Beliebtheit dieses irdisch-unterirdischen Pilgerberichts bezeugen etwa 150 erhaltene lateinische Handschriften und ebensoviele oder mehr von volkssprachlichen Übertragungen. Es ist dies eine der wenigen Jenseitsreisen, die auch in die Monumentalmalerei Eingang gefunden haben: Ein Fresko des Klosters S. Francesco in Todi von 1346 zeigt sieben Stationen des schauerlichen unterirdischen Pilgerwegs in Korrespondenz zu den sieben Lastern[135]. Von Ariost, Shakespeare und Rabelais zitiert, von Lope de Vega und Calderón dramatisiert, schließlich im späten 18. Jahrhundert als bretonisches Mysterienspiel bearbeitet, blieb die Owen-Sage auch in der Neuzeit bekannt.

Die irische Fegefeuerhöhle war ein gesuchtes Ziel ritterbürtiger Wallfahrer aus ganz Europa, von denen eine ganze Reihe ihre Erlebnisse (die mehr oder weniger denen Owens ähneln) der Nachwelt überlieferten. Besonders ausführlich sind diejenigen des (urkundlich nachweisbaren) ungarischen Magnaten Georg Grissaphan aus dem Jahre 1353[136]. Georg erlebt in der Läuterungshöhle Teufelserscheinungen in verschiedenen Gestalten, die ihn immer wieder zu Blasphemien verleiten wollen. So soll der magyarische Ritter gestehen, daß Christus als Sünder zurecht von den Juden gekreuzigt worden sei und in der Hölle schmachte. Dem Helden wird regelrecht ein Teufelsbündnis vorgeschlagen, wofür ihm Reichtum usw. versprochen wird. Georg antwortet darauf mit einem ausführlichen Glaubensbekenntnis, weswegen er von den bösen Geistern dem Feuer überantwortet, aber durch die Anrufung des Namens Jesu errettet wird. Offenbar wurden die Visionen dieses Ritters von einem Fachtheologen bearbeitet, dem es v. a. um eine Stellungnahme gegen christologische und judaisierende Ketzereien ging.

Anscheinend noch verbreiteter war die *Visio Tnugdali*, 1149 in Regensburg von einem Schottenmönch namens Marcus aufgezeichnet. Es handelt sich nicht um einen vorgeblich körperlichen Abstieg in die Unterwelt, sondern um eine ekstatische Sterbeerfahrung, wie sie ähnlich in der gegenwärtigen medizinisch-psychologischen Sterbeforschung (Thanatologe) oft analysiert werden. Die Jenseitsreise des Tundal wurde in alle Vulgärsprachen (einschließlich Altnordisch und Altrussisch) übersetzt und auch früh gedruckt, noch Luther zitierte sie, und die Jesuiten ließen sie auf der Bühne aufführen. Diese Vision beschreibt den Jenseitsweg der Seele des irischen Ritters Tundal in einer Fülle von bizarr-sadistischen Motiven, wie sie für die Textsorte der Jenseitsvisionen durchaus typisch sind: Tundal muß unter der Führung seines Schutzengels zunächst die Strafregionen der Unterwelt – des Fegefeuers – durchwandern, z. B. die handbreite Nagelbrücke überschreiten, unter der turmhohe, feuerspeiende Ungeheuer auf ihre Opfer lauern, an der geflügelten Bestie vorbeikommen, die die Seelen von Mönchen und Nonnen in einen Eissee hinein verdaut, wo sie mit Schlangen schwanger werden, die sie von innen zerfetzen, dem auf einen Rost gefesselten Höllenfürsten gegenübertreten ... Man kann bei der Lektüre im Zweifel sein, ob es sich um Höllenregionen oder um Reinigungsorte handelt, denn das Wort „purgatorium" kommt nicht vor. Die Seelen in dieser „oberen Hölle" wissen jedoch um ihre künftige Erlösung.

Tundals Seele vor der Jenseitsbrücke
(Holzschnitt, deutsch, 1483)

Aus der Dunkelheit gelangen die Wanderer zum Vorparadies, das aber auch noch teilweise Fegefeuer-Charakter besitzt: Manche Seelen leben hier zwar recht angenehm, aber eine Stunde am Tag müssen sie noch das Reinigungsfeuer erdulden (man sieht, was vor der Dogmatisierung des Purgatoriums noch an Möglichkeiten offen war). Erst danach kommt man zur Stätte der Märtyrer und Reinen, die auf goldenen Thronen Halleluja singen, zu den Zelten der die Trinität betrachtenden Mönche und Nonnen, zur Edelsteinstadt der Jungfrauen und Engel. Auch wenn dieser Bereich nicht ausdrücklich als „Himmel" benannt ist (genausowenig wie die Unterwelt als „Hölle" oder „Fegefeuer"), erhellt deutlich durch ihre Bewohner, daß der Visionär schließlich in den Himmel vorgedrungen ist. Freilich ist dessen Schilderung im Vergleich mit den Strafregionen nur recht kurz.

Die *Visio Tnugdali* exemplifiziert, was auch Hunderte anderer Jenseitsvisionen beschreiben: Die Seelen der Ekstatiker müssen so wie die der Toten einen langen Weg zum Himmel zurücklegen, bei dem sie zunächst die Strafstätten, dann die Gnadenstätten besuchen (nur selten wird der umgekehrte Weg beschrieben). Wie die Seelen der verstorbenen Sünder muß Tundal von den Qualen der Unterwelt „kosten", ehe er, gereinigt, die oberen Sphären betreten darf.

Aus der Fülle der hochmittelalterlichen Fegefeuervisionen sei noch die des Bauern Gottschalk zitiert[137]. Im Gegensatz zum Tundal, der viele in anderen Beschreibungen der Unterwelt wiederkehrende Züge enthält, zeigt dieser Text eine Reihe ganz individueller Elemente. Die Sterbevision des Bauern beginnt wie bei so vielen ähnlichen „Nahtod-Erfahrungen", die im Mittelalter aufgezeichnet wurden, mit der Ankunft des Seelenführers, des Engels, der den Visionär durch die andere Welt geleitet. Die erste „Station" bildet eine weite Ebene voller Dornengestrüpp, „von feinen und unbiegsamen, spitzen, unabstumpfbaren und sehr dichten Stacheln ganz starrend, so wie das Instrument, mit dem üblicherweise Flachs von Werg gereinigt wird. Sie schien nämlich die, die über sie hinweggehen sollten, schon bald zerfleischen zu wollen und sich, um dies zu erreichen, gegen die Näherkommenden sozusagen zu verhärten und zuzuspitzen ..." Vor diesem schrecklichen Prüfungsort können sich die Seelen aber von einer riesengroßen Linde ein paar Schuhe von den Engeln reichen lassen – vorausgesetzt, sie haben während ihres Erdenlebens auch selbst einmal barmherzig Schuhwerk an Arme verschenkt. Nur auf diese Weise ist es möglich, die genannte Jenseitspein unbeschadet zu überstehen. „Die anderen aber, ...wenn sie ob der durchbohrten Füße hinstürzend irgend ein Glied, das jenen Dornen ausgesetzt war, auch nur einen Moment aus der Folter herausziehen wollten, weil es von unerträglichem Schmerz gepeinigt wurde, setzten ein anderes der Marter aus, ähnlich zerfleischt zu werden ..."

Die Vorstellung von einer alles zerstechenden Heide in der anderen Welt ist in der Visionsliteratur extrem selten. Ganz singulär aber sind die Seelenschuhe, die jenseitigen Entsprechungen der auf Erden gespendeten materiellen Schuhe. Sie finden ihre nächste und prägnanteste Analogie in der vorchristlichen Religion der Nordgermanen. Bei ihnen existierte der Brauch, Toten Schuhe anzuziehen, die ‚Helskor‘, mit denen die Verstorbenen den Weg zur Unterweltsgöttin Hel oder nach Walhalla zurücklegten. Es gibt noch eine Reihe späterer Quellen aus demselben Bereich, die von dieser Vorstellung handeln, unter denen besonders das norwegische *Draumkvaede* (eine auf das Mittelalter zurückgehende visionäre Volksballade, die die Jenseitsreise des Olav Åsteson zum Thema hat) hervorzuheben ist. Dort heißt es: „Selig, wer in dieser Welt Armen Schuhe gab, der muß jetzt nicht barfuß gehen über's spitze Dornenmoor." Damit ist eine vorchristliche eschatologische Konzeption mit der Formulierung der Bergpredigt verschmolzen.

Nur eine der weiteren Komponenten, aus denen sich Gottschalks Fegefeuertopographie zusammensetzt, sei noch erwähnt: Wenn die Seelen den Martern des Dornenfelds entronnen sind, stehen sie vor einem „Fluß von unendlicher Länge und so großer Breite, daß ihn kaum ein Posaunenton überwinden konnte ... Er war mit eisernen Schneiden der

Länge und Breite nach so angefüllt, daß er niemandem Platz gab, seinen Fuß darein zu setzen ... Außerdem schien der ganze Strom schon wie mit ganzer Gewalt zusammenzuprallen und höchst drohend gegen die Ankommenden wüten zu wollen ..." Die Seelen der Sünder werden von den waffenführenden Wasserstrudeln umgerissen und bis zur Dünne eines Haares zerhackt, wogegen die Gerechteren den gefährlichen Übergang mittels schwimmender Holzbalken unverletzt überwinden können. Sucht man auch hierfür nach religionsgeschichtlichen Parallelen, so wird man wiederum auf die germanische Mythologie verwiesen. Zwar gibt es auch in den mediterranen Totenreichen gefährliche Ströme in großer Zahl, doch keine waffenführenden. Dagegen kennt die altnordische *Lieder-Edda* Geirvimul, Gömul und Slidhr. Der Name des ersteren kann nicht anders als mit „von Geren wimmelnd" übersetzt werden, der des letzteren mit „der Schlitzende". Von ihm heißt es ausdrücklich, er führe verschiedene Schwerter mit sich. Vadhgelmir, worin die Sterblichen zur Vergeltung von Lüge und Schmähung waten müssen, dürfte ebenfalls ein solcher Unterweltsstrom gewesen sein, wenn man ihn mit „vadha" (waten) und „gelmingr, galmr" (Schwert) erklären darf. Auch der dänische Geschichtsschreiber Saxo Grammaticus († 1220), der zahlreiche vorchristliche Traditionen überliefert, kennt am Helweg „einen stürmisch brausenden Strom von bläulichem Wasser, der im raschen Strudel Geschosse verschiedener Art dahinwälzt." Dies alles hat mit jüdisch-christlicher Eschatologie nichts zu tun. In Gottschalks Vision ist also vielmehr eine Komponente vorchristlichen Jenseitsglaubens erhalten, die jedoch im christlichen Sinn funktionalisiert wird: Es ist ein Teil der Reinigung der Seelen im Purgatorium, wenn Sünder dort Buße leisten müssen, indem sie zerschnitten werden.

Natürlich können wir mangels weiterer Quellen nicht präzise überprüfen, inwieweit Gottschalks Jenseitserwartungen denen seiner Dorfgenossen entsprachen. Doch dürfte es recht wahrscheinlich sein, daß sie befürchteten, nach dem Tode mit ganz ähnlichen Szenarien konfrontiert zu werden: Gottschalks Schilderung stellt statistisch sozusagen ein zufällig gewähltes Sample aus einer nicht mehr zugänglichen Menge dar. Daß Elemente der vorchristlichen Religion in dieser Vision noch so eindrucksvoll präsent sind, gleichzeitig aber so eindeutig im Sinne der Purgatoriumsvorstellungen der offziellen Kirchenlehre eingesetzt werden, demonstriert sehr klar die wenigstens in jenem Gebiet noch im 12. Jahrhundert gegebene Religionsmischung. Gottschalks Erzählung wurde von ortsansässigen (und ihrem Latein nach zu schließen durchaus gebildeten) Priestern kritiklos tradiert, da sie offenbar auch ihren Vorstellungen nicht widersprach. Vielmehr vergleicht einer der Aufzeichner Gottschalk sogar – wiewohl er ihn „einen Armen im Geiste" und „ungebildetes Bäuerlein" nennt – geradezu mit den Propheten, Paulus, ja sogar Christus.

Es war v. a. die Zeit zwischem dem 11. und dem 13. Jahrhundert, in der die eindrucksvollsten Nahtoderfahrungen aufgeschrieben wurden, die von der anderen Welt handeln. Texte des frühen und v. a. hohen Mittelalters wie die Schauungen Tundals, Gottschalks und Owens wurden auch bis zum Beginn der Neuzeit weiter abgeschrieben, übersetzt und bearbeitet. Wenn man von Dantes berühmtem Gedicht absieht, brachte das Spätmittelalter jedoch weniger originelle Fegefeuerschilderungen hervor. Ein gewisser Zug zum Abstrakten, weniger Detaillierten oder Haptischen ist speziell der Mystik eigen, aus deren Sphäre nunmehr die Mehrzahl der Jenseitsvisionen kommt. Agnes Blannbekin z. B. wird, nachdem sie das Paradies geschaut hat (s. oben S. 75 f.), „auch unter der Erde zu genugsam lieblichen Orten geführt, wo eine große Menge Menschen erschien, die leuchtend waren, mit schmucken Gesichtern, aber wie

Stumme sprachen sie nichts. Dies waren die verstorbenen Menschen, so wie sie nachher belehrt wurde, die ohne schwere Sünde verschieden waren. Und sie hatten keine andere Strafe als die Ermangelung der Anschauung Gottes. Diese Strafe war ihnen dennoch, wie sie selbst sagte, die größte."[138] Diese Reduzierung der Fegefeuerstrafen auf den Verlust der Visio Dei ist freilich exzeptionell. Nur in einer Passage dieses Offenbarungswerkes erfahren wir mehr über das Fegefeuer: „Am Tag der hl. Agnes geschah es, daß ein guter Bruder namens Erlolf starb, ... der in einzigartiger Verehrung und Andacht die sel. Agnes verehrte." Blannbekin „begann, sobald sie vom Tode dieses Bruders hörte, bitter zu weinen, und den ganzen Tag hin quälte sie sich mit Schmerz und Tränen und vermochte bis zur Nacht nicht, sich zurückzuhalten. Und als sie nach so großer Ermüdung ruhen wollte, spürte sie etwas wie eine Hand, die sie berührte, und eine Stimme, die ihr sagte: ‚Meine Geliebte, schau zurück!' Und als sie zurückschaute, sah sie den genannten Bruder Erlolf mit einer ungeheuren Schar von Jungfrauen sozusagen den Reigen führend und an der Hand und Seite dieses Bruders die sel. Agnes, die er noch im sterblichen Leben weilend so sehr geliebt hatte, daß er immer in seinen Predigten und gemeinschaftlichen Gesprächen von ihr handelte. Und hinter dieser sah sie unzählbare Jungfrauen mit dem genannten Bruder Erlolf, die alle mit goldenen Kronen gekrönt waren, aber nackt, und er selbst erschien gemeinsam mit jenen auch nackt und gekrönt. Jene Nacktheit nun war nicht nur nicht unkeusch oder brachte für die Augen der Schauenden etwas Unangenehmes, sondern bot dem Herzen dieser Jungfrau große Annehmlichkeit, Schicklichkeit und Freude. Dann sagte der Bruder zur Jungfrau, der er erschien: ‚Ich bin der Bruder Ehrenvoll und werde nun nicht mehr Erlolf geheißen, sondern Ehrenvoll.' Dann fragte die genannte Jungfrau, ob er in irgendeiner Pein gewesen sei. Ihr sagte der Bruder: ‚Von jener Stunde an, in der meine Seele aus dem Körper ausgetreten ist, war ich bis zur dritten Stunde in einem so hellen und leuchtenden Feuer, daß, wenn alle Sterne des Firmaments und zwar einzeln wie die Sonne funkelten, sie die Helligkeit dieses Feuers nicht übertreffen würden. Es war ebendieses Feuer so glühend, wie wenn alles Feuer auf Erden in eines versammelt worden wäre, und es war so ausgedehnt wie der viereckige Garten, der im Kreuzgang der Brüder ist. Und er fügte hinzu und sagte: Die Brüder haben mir kräftig geholfen mit ihren Messen und Gebeten, daß ich dem Strafort entkommen bin. Und du, meine Liebe, hast mir mit deinen Tränen eine Erleichterung gegen den Feuerbrand geschaffen. Denn eine aus glühender Liebe vergossene Träne schafft so viel und mehr Strafnachlaß, wie zehn Jahre Pein, was der sel. Augustinus bezeugt, der sagt: ‚Oh Träne, wie groß ist deine Macht! Du besiegst den Unbesiegbaren, bindest den Allmächtigen, vermagst mehr als zehn Jahre im Fegefeuer.' Dann sagte diese Jungfrau: ‚Wo war die sel. Agnes mit ihren Gefährtinnen während der Zeit, wo ihr in der Pein ward?' Er antwortete ihr: ‚Sie umgaben den Strafort und erwarteten mich.' Dann sagte diese Jungfrau: ‚Wie konnten sie es aushalten, daß ihr in ihrer Gegenwart so gequält wurdet?' Jener antwortete ihr: ‚Ohne Erregung sahen sie mich bestraft werden, weil dies die Gerechtigkeit Gottes erforderte. In jenem Feuer schwamm ich so, wie ein Fisch im See hin und her gleitet, und vermochte nicht hinauszukommen, da mich die göttliche Gerechtigkeit zurückhielt. Nun aber bin ich in der Gemeinschaft all dieser und verfüge mit den Mächtigeren über eine höhere Würdigkeit.'"[139] Da das mönchische Leben als Martyrium gewertet wird – eine schon auf seine Frühzeit zurückgehende Interpretation[140] –, findet sich der Minorit zu Recht im Kreise der Märtyrer-Jungfrauen.

Agnes Blannbekins Bild vom Fegefeuer verbleibt weitgehend im Rahmen der kirchlichen Doktrin. Da gibt es keine phantastischen Landschaften und keine Dämonen, die die Büßenden quälen. Einzelne Elemente sind freilich der Katechetik fremde Zusätze, wie der Gesang der Seelen, der Tanz der Erlösten – ein in der mittelalterlichen Mystik nicht seltenes Motiv[141] –, ihre Nacktheit. Besonders eigenartig sind die Vorstellungen, daß eine Träne einen zehnjährigen Ablaß bringe und daß die Seelen der Heiligen rund um das Fegefeuer auf die Erlösung des Büßers warten. Daß Engel etwas wie kostbare Perlen in Schellen zu den im Fegefeuer Büßenden bringen, ist eines der vielen symbolischen Bilder der Mystikerin. Ihre Schauungen zeigen immer wieder, daß der Orden des hl. Franziskus eine hervorragende Stellung für ihre Frömmigkeit einnimmt[142], und es erscheint als typisch, daß der beste Vergleich, den sie finden kann, um die Größe jenes individuellen Purgatoriums zu beschreiben, der Kreuzgang des Wiener Minoritenkonvents darstellt. Manche Orden wie die Zisterzienser beanspruchten übrigens sogar im Fegefeuer einen eigenen, milderen Platz, an dem sie regelmäßig von Maria besucht werden wollten[143].

Mochten auch die im Spätmittelalter selbst formulierten Fegefeuerbilder oft blasser als jene des Hochmittelalters gewesen sein, so doch keineswegs immer. Einzelne Visionen wie die der hl. Francesa von Rom oder einer anonymen englischen Zeitgenossin reihen sich ganz in die älteren „haptischen" Schilderungen ein. Der berühmte Passauer Prediger Paul Wann († 1489) faßte zusammen: „Wenn alle Peinen, die man sich auf Erden ausdenken kann, alle Folterungen, alle Krankheiten und Schmerzen mit der geringsten Fegfeuerstrafe verglichen werden, dann sind sie ein Trost. Jeder lebende Mensch würde, wenn er das Fegfeuer aus Erfahrung kennen könnte, lieber bis zum Jüngsten Tage sämtliche Leiden ohne Linderung erdulden, die alle Menschen von Adam an bis jetzt, jeder einzelne gelitten hat, als nur einen Tag in der Hölle oder im Fegfeuer auch nur die geringste Strafe abzubüßen, die es dort gibt."[144] Mit ähnlichen – völlig ernst gemeinten – Aussagen könnte man mehr als ein Buch füllen. Es sei nur an die Worte erinnert, mit denen noch Shakespeare die Unaussprechlichkeit der Qualen im Purgatorium andeutet, die Worte des Geistes von Hamlets Vater, der sich selbst nennt:

„Verdammt auf eine Zeitlang, nachts zu wandern,
Und tags gebannt, zu fasten in der Glut,
Bis die Verbrechen meiner Zeitlichkeit
Hinweggeläutert sind. Wär' mir's nicht untersagt,
Das Innre meines Kerkers zu enthüllen,
So höb' ich eine Kunde an, von der
Das kleinste Wort die Seele dir zermalmte,
Dein junges Blut erstarrte, deine Augen
Wie Stern' aus ihren Kreisen schießen machte,
Dir die verworrnen krausen Locken trennte
Und sträubte jedes einzle Haar empor ...“[145]

Trotz aller Sadismen, die sich die mittelalterliche Phantasie vom Fegefeuer ausdachte – es war, wie es die Theologen bisweilen nannten, doch ein Ort der Hoffnung. Denn seine Existenz währt „nur“ bis zum Jüngsten Tag, und aus diesen Flammen konnten die Lebenden die Arme Seele durch Gebet, Almosen und Messen erlösen. Wie menschliches Gebet und Gnade zusammenwirken, zeigt schön eine Stelle des *Vliessenden lieht der gotheit* der Mystikerin Mechthild von Magdeburg (Ende 13. Jh.): In einer Vision zeigt Gott ihr „das gräuliche Fegefeuer“. Auf ihre Bitten um Erlösung fragt er: „‚Wie viele von ihnen willst du denn?‘ Die Seele Mechthilds sprach: ‚Herr, so viele, wie ich es dir bei deiner Güte vergelten kann.‘ Da sprach unser Herr: ‚Nun nimm tausend und bringe sie dorthin, wohin du willst.‘ Da hoben sie sich aus der Pein, schwarz, feurig, morastig, brennend, blutig, stinkend ...“[146] Manche der spätmittelalterlichen Frauen sind geradezu spezialisiert auf das Losbitten solcher

Geister, wobei es v.a. ihr Status als Bräute Christi war, die minnemystische Verbindung zu ihm, deretwegen der Herr ihnen diese Geschenke macht: Die Dominikanerin Adelheid Langmann erhält von Jesus am Gründonnerstag und zu Pfingsten je 30000, am Dreifaltigkeitstag 15000, zu Mariä Himmelfahrt 100000 Seelen. Einmal bleibt sie, statt zum Essen zu gehen, in der Kirche, wofür sie zum Lohne 60000 Seelen erhält usw.[147] In Italien berühmt war Katharina von Racconigi, die bei den zahlreichen Schlachten der Franzosenkriege mit Gott aushandelte, wieviele der dabei Sterbenden ins Fegefeuer kommen sollten, wenn sie stellvertretend für diese körperliche Beschwerden, besonders Fieber, auf sich nahm[148].

Manche freilich erlangten eine solche Gnade nur durch hartes Leiden: Liedewij von Schiedam wurde einmal von ihrem Engel in die andere Welt geführt, wo sie im Fegefeuer einen vor 12 Jahren verstorbenen Pfarrer antraf, dem sie freundlich verbunden gewesen war. Auf die Frage des Engels erklärte sie sich bereit, ihm zu helfen. „Da zeigte ihr der Engel in der Nähe etwas wie eine Schleuße und davor eine solche Menge widerlichen Wassers, als ob alle Wasser der Welt hier vereint wären." Hier muß die Visionärin hindurch, und alsbald sieht sie die Seele des Geistlichen weiß wie einen Schwan aus dem Loch, in dem er zuvor gefangenhalten worden war, zu einem Brunnen fliegen, und von dort, wie durch eine neue Taufe gereinigt, zur Ruhestätte der Seligen. „Solche Anstrengung hatte sie aber bei der Durchquerung jenes Flusses ertragen, daß sie, wieder im Bewußtsein, ganz von Schweiß überströmt war."[149] Hier ist eine der seltenen Stellen, die auf das Refrigerium anspielen, den Ruheort, in dem sich die aus dem Purgatorium erlösten Seelen stärken dürfen (s. unten S. 116). Ein anderes Mal muß sie einen Sünder im Jenseits einen Berg hochschleppen, um ihn zu befreien, so daß sie völlig erschöpft ist, dann sogar blutige Tränen weinen usw.[150]

Arme Seelen erscheinen Liedewij von Schideam
(Holzschnitt, niederländisch, um 1500)

Und auch wo es keinen barmherzigen Helfer gab – die
Seele im Purgatorium hat doch die Gewißheit, wenigstens
am Ende der Zeiten, beim Weltgericht, erlöst zu werden
und in den Himmel zu gelangen, denn der Jüngste Tag be-
deutet auch das Ende dieses Bußzustandes (doch gibt es
vereinzelt Visionen, in denen Seelen an einem Ort zwischen
Hölle und Fegefeuer besonders dadurch gequält werden,
daß sie nicht erfahren, in welcher dieser Stätten sie sich befinden[151]). Trotzdem war die Zeit der Pein unvorstellbar
lang: Am Ausgang des Mittelalters glaubte man, die Seele
habe nach *Numeri* 14, 34 für die Sünden eines Tages ein
Jahr zu büßen, so daß man unter Einbeziehung des kanonischen Bußtarifrechts für eine Sünde 2555 Jahre Fegefeuer-

strafe errechnete[152]. Und schon zu Lebzeiten und noch mehr in der Todesstunde waren die Gläubigen gehalten, intensiv darüber zu meditiern (der Gründer der Jesuiten, Ignatius von Loyola, sollte dies dann zu einer verbreiteten Methode machen). Z.B. solle der Sterbende sich jenen Ort so plastisch vorstellen, empfiehlt der durchaus lebenslustige englische Dichter Thomas Hoccleve († ca. 1450), daß er die Seelen wie Feuerfunken auf- und absteigen sieht, umgeben von den Flammen und dem Rauch eines großen Stadt- brandes ...[153]

Der von solchen Phantasien genährte Fegefeuerglaube wurde zum größten Motor für die Werkfrömmigkeit des späten Mittelalters und ist damit zahllosen Bedürftigen zu- gutegekommen, die in Vertretung der Armen Seelen mit Almosen bedacht wurden, denen man unentgeltliche Bäder stiftete (sog. „Seelenbäder"[154]), für die man Krankenpflege organisierte, „Seelgerät" spendete usf. Insofern erst der Glaube an eine jenseitige Reinigung die Möglichkeit des Ablasses eröffnete, wurde eben er zur Grundlage, für die eigene Zukunft und die der Verwandten vorzusorgen. Ge- bete, Wallfahrten, Spenden, Askeseleistungen ... nichts gab es, wofür nicht ein in die andere Welt hineinwirken- der Ablaß zu erhalten gewesen wäre. Vor allem als wirksam wurde aber die priesterliche Vermittlung gepriesen. Schon Berthold von Regensburg berechnete im 13. Jahrhundert den Wert einer Messe: Zehn Jahre in der Pein werden durch sie auf sechs Wochen verkürzt[155]. Nachweislich versuchten Pfarrer auch durch dogmatisch nicht gedeckte Lehren, die Gläubigen zu mehr Meßbestellungen für die armen Seelen zu veranlassen, indem sie etwa lehrten, jene würden sonst als unheimliche Geister zurückkehren[156]. Doch auch die u.W. hochsinnigsten Priester trugen zur Katechese mit der Angst vor diesem Jenseitsort bei, sie sicher nicht vorrangig aus finanziellem Interesse, sondern aus echter Sorge um die Seelen ihrer ZuhörerInnen. So sagte etwa der sonst gewiß nicht überstrenge Seelenführer Johannes Tauler († 1361): Kein Gott behinderndes Fleckchen oder Bildchen in dir ist so klein, daß du darum im Fegefeuer nicht mehr Qual leiden müßtest als alle Märtyrer miteinander je gelitten haben![157]

In der bildenden Kunst wurde das Fegefeuer viel seltener und viel später als Himmel und Hölle abgebildet, wobei generell die Darstellungen der Marterstätten des Fegefeuers, was Landschaft und Strafen betrifft, kaum von denen der Hölle zu unterscheiden sind. Letztere fand sich ja in praktisch jeder spätromanischen und gotischen Kirche bei der so gut wie obligatorischen Abbildung des Jüngsten Gerichts (wenn auch oft beschränkt auf den Höllenrachen). Was aber die Unterscheidung zum Fegefeuer ermöglicht, sind einerseits die Engel, die ins Fegefeuer hinabsteigen, um Seelen zu befreien, und andererseits die flehenden Gesten der Seelen selbst, die in der Hölle keinen Sinn mehr hätten. Sehr klar kommt das in einer Miniatur einer theologischen Handschrift aus dem Dominikanerinnenkloster Medingen (nach 1469) zu Ausdruck, wo beide Peinstätten symmetrisch und ganz gleichartig als feurige Rachen gegeben sind, einmal die Seelen aber den Bittgestus zeigen und ein Engel vom Himmel herabkommt, das andere Mal dagegen ein Teufel über die Verzweifelten triumphiert[158].

Vor allem in privaten gotischen Gebetbüchern, den Stundenbüchern, gibt es eine Anzahl von einschlägigen Illuminationen. Sie stehen in der Regel in dem dem Totengedenken gewidmeten Abschnitt und sollten Mitleid mit den Armen Seelen erwecken. Auch auf Flügelretabeln, mit denen üblicherweise die Altäre der Arme-Seelen-Bruderschaften ausgestattet waren, finden sich Bilder des Fegefeuers. Unter dem Weltenrichter zeigt Hölle und Fegefeuer z.B. das Mittelfeld eines 1488 gestifteten Regensburger Arme-Seelen-Altars[159]. Letzteres ist ein Gefängnis, in das die Engel verschiedene ,Suffragien' bringen, also die Hilfeleistungen der

Lebenden: den Bedürftigen auf Erden gespendetes Brot, Wein, durch einen Rosenkranz versinnbildlichte Gebete u. ä. Auch die Predella eines Flügelretabels im Oberösterreichischen Landesmuseum in Linz (um 1500)[160] zeigt einen Teil des in den Jenseitsvisionen so oft beschriebenen Szenariums: den siedenden Kessel, die Feuergrube, aber auch den Bereich der schon aufgestiegenen Seelen („refrigerium"). Engel bringen die genannten Suffragien und setzen die genügend gereinigten Seelen an einen lieblichen Ort. Ohne damit von einer direkten Abhängigkeit sprechen zu wollen, möchte ich eine Stelle aus der ekstatischen Purgatoriumswanderung der hl. Francesca von Rom († 1440) dazustellen, die wie die Vorlage zu dem Gemälde wirkt[161]: Sie sah einen Ort beim Fegefeuer, wo ein großes, sprudelndes, wunderschönes, heres und köstliches Gewässer war, ... und die Seelen, die ihre Zeit der Reinigung hinter sich gebracht hatten, kamen zu jenem Ort. Dorthin waren auch gewisse Engel abgeordnet, die die Seelen nahmen und sie in das genannte Gewässer tauchten, ähnlich wie bei der Taufe. In diesem Wasser hatten sie eine große Erholung, Tröstung und Freude ohne Bestrafung. Dieses Wasser reinigt und säubert, und alle geretteten Seelen kommen da hinein, mit Ausnahme derer Christi und Mariens. An diesem Ort gab es eine bestimmte Aufschrift, nämlich: Mundativo ... (Reinigungsort). Deutlich ist auf dem österreichischen Gemälde zu sehen, wie die Gepeinigten von den Engeln mit Brot und Wein gestärkt bzw. an der Rosenkranzschnur in die Höhe gezogen werden: sinnfällige Repräsentation der Hilfe (Almosen für die Armen, Rosenkranzgebete), die die Lebenden den Verstorbenen gewährt haben. Es herrscht hier jenes „spiegelnde" Denken vor, das sich auch in bestimmten Jenseitserzählungen findet, z. B. wenn dort auf dem Weg zum Paradies eben *dieselbe* Brücke überschritten werden muß, die man im Leben errichtet hat[162], oder, bekannter, bei den „spiegelnden Strafen" der mittelalterlichen Justiz.

Ein anders vorgestelltes Fegefeuer findet sich im Dom von Aarhus in Dänemark (15. Jh.): Auf einem Wandgemälde hebt dort die Hand Gottes eine geläuterte Seele aus der ungewöhnlicher Weise als Richtplatz (Galgen, Rad ...) gegebenen Peinstätte. Darüber ist beziehungsreich die Gregorsmesse abgebildet[163]. Am reichsten scheint Südwest- und Zentralfrankreich mit Malereien dieses Themas versehen gewesen zu sein, denn es sind dort aus dem 15. und 16. Jahrhundert noch weitaus zahlreicher Fresken mit Fegefeuerdarstellungen erhalten als in irgend einer anderen europäischen Region[164]. Dies hängt zweifelsohne mit dem dort im 14. Jahrhundert aufblühenden Arme-Seelen-Kultus zusammen, den wir schon oben erwähnt haben. Auch die Bilder sollten jene Südfranzosen von der Realität des Purgatoriums überzeugen, die immer noch im Geheimen am Katharismus hingen. In dem halbkatharischen Pyrenäen-Dorf Montaillou war man jedenfalls noch im frühen 14. Jahrhundert der Meinung, die (sehr lebendig vorgestellten) Toten würden ihre Reinigungszeit nicht an einem Ort abbüßen, sondern müßten eilig von Kirche zu Kirche laufen, bis sie den Platz der Ruhe betreten dürften. Das Fegefeuer kommt in den ausführlichen Inquisitionsakten über die Katharer so gut wie nicht vor![165]

Auch in der bildenden Kunst gab es regionale Sondertraditionen. So scheinen die Fegefeuerbilder, die von einer als Säge gestalteten Brücke überspannt werden, auf Mallorca beschränkt zu sein, wo sie sich in Tafelgemälden und Holzschnitten ab dem 16. Jahrhundert nachweisen lassen[166]. Eine m. W. einmalige Darstellung bietet das Ms. Add. 37049 der British Library, London, f. 24v: Aus dem durch einen Flammenpfuhl verkörperten „purgatory" werden die durch Almosen und Messen befreiten Seelen in einem Holzbottich zu Gott und den Geretteten, die sie im ummauerten „heuen" erwarten, in die Höhe befördert. Das Seil, das den Bottich transportiert, läuft auf der einen Seite zur Himmelspforte und auf der anderen zu Priestern und Almosenspendern weiter, die also quasi auf diese Weise die Sünder aus den Flammen ziehen[167]. Diese mittelenglische Handschrift stammt jedoch nicht aus dem Besitz „einfältiger" Laien (wie sie im Mittelalter von den Geistlichen oft genannt wurden), sondern aus einer englischen Kartause!

Vorhöllen

Limbus patrum

In manchem lehrhaften mittelalterlichen Text gibt es eine Darstellung der Vorhöllen. In der allgemeinen Glaubenspraxis jedoch spielten sie nur eine beschränkte Rolle. Die Limben sind, wie das lateinische Wort aussagt, Randbezirke der Hölle, Nebenhöllen minderer Qual, in denen man sich einerseits die „Väter" dachte, d.h. die vor dem Höllenabstieg Christi lebenden Menschen, andererseits die ungetauft gestorbenen Kinder. In dem allegorischen Gedicht von der *Pilgerschaft der Seele* des Zisterziensers Guillaume de Diguelleville, geschrieben 1355/58, heißt es, die Hölle liegt im Erdinneren wie ein Nußkern, und darum die einzelnen Schalen: die Vorhölle der Kinder, das Fegefeuer, die Vorhölle der Väter[168].

Letztere, der Limbus patrum, gelangte durch die Aufnahme des alten orientalischen Mythos von der Besiegung der Unterwelt durch eine Gottheit in die christliche Jenseitslandschaft. Veranlaßt von der Vorstellung, auch Christus habe eine Höllenfahrt unternommen (was erst zwischen dem 4. und 8. Jahrhundert zum verbindlichen Glaubensgut und in die Glaubensbekenntnisse aufgenommen wurde), begann man, den Ort auszumalen, in den der Erlöser nach seinem Tode hinabgestiegen war. Besonders wichtig wurde hier das apokryphe *Nikodemusevangelium* (3./5. Jh.): Es schildert als „Augenzeugenbericht", wie Christus die Tore des Hades sprengt und den Fürsten der Unterwelt fesseln läßt. Dann führt er Adam, Eva und die anderen Gerechten des Alten Bundes aus der Vorhölle. In der Frühphase der Reformation gab es erbitterte Diskussionen darüber, ob Christus bei diesem Abstieg in die Unterwelt auch selbst die Höllenleiden gekostet habe oder nicht[169].

In den Visionen, in der lehrhaften Literatur, in den Gedichten über das Jenseits kommt dieser Ort selten vor. Der Limbus patrum figurierte dagegen vielfach auf romanischen und gotischen Darstellung der Höllenfahrt Christi während der drei Tagen nach seinem Tode und wurde auch plastisch bei den Osterspielen auf die Bühne gebracht. Meist gab man ihm wie in der gotischen Kunst die Form eines Löwenmauls[170], das durch mechanische Vorrichtungen geöffnet und geschlossen werden konnte, in dem es donnerte, aus dem Feuer hervorschoß – dazu war die spätmittelalterliche Theatertechnik schon durchaus in der Lage.

In diese Region der Unterwelt mußten seit dem ersten Sündenfall sämtliche Menschen kommen, da sie Christus noch nicht erlöst hatte. Alle, auch unschuldige, waren dort den Teufeln zur Peinigung preisgegeben. Obwohl eine Autorität wie Papst Gregor d. Gr. angenommen hatte, daß die Gerechten unter den Vätern nur in Dunkelhaft ohne Peinigungen gehalten worden seien[171], machte das Mittelalter vielfach gar keinen Unterschied zwischen den Martern in der eigentlichen Hölle und denen in dieser Vorhölle. Dies geht eindeutig aus den Formulierungen des religiösen Schauspiels hervor. So sagt Jesus im sog. *Osterspiel von Muri* (Mitte 13. Jh.) zu den Teufeln, als er die Seelen aus dem Limbus befreit: „Ihr habt sie jämmerlich und schrecklich zugrunde gerichtet in dem Höllenfeuer, in den heftigen Höllenqualen!" Und die Seelen antworten, daß sie „in heftiger Höllenqual" nach dem Erlöser gerufen haben[172]. Im *Redentiner Osterspiel* (Mitte 15. Jh.) fleht der König David, als er den Erlöser herabsteigen sieht:

„Erlöse nun die Deinen,
denn wir sind in den Peinen! ...
Komm und führe den heraus, der gebunden in den
Finsternissen und im Todesschatten sitzt!"

Und der Chor der Seelen begrüßt Jesus singend als „großer
Trost in den Qualen".[173]

Theologisch gesehen war dieser Limbus aber nach der
Himmelfahrt Christi leer, denn der Erlöser hatte der Hölle
ihren „Raub" entrissen. Judas, Annas, Kaiphas und Herodes
allerdings müssen darin verbleiben, wie es z. B. ein italienischer Visionär um 1117 erfuhr[174].

Limbus puerorum

Anders als die Vorhölle der Väter beunruhigte der Limbus puerorum (auch mit einer Verkleinerungsform ‚Lim-
bulus' genannt) die Gläubigen mehr. Es handelt sich um
die Unterweltsstätte, zu der Gott die Seelen der ungetauften Kinder vorherbestimmt hat: Dieser Ort beschäftigte
die Phantasien der Menschen nachhaltig[175]. Die Vorstellung, daß die frühverstorbenen Kleinen im Jenseits qualvoll an einem eigenen Ort dahinvegetieren, stammt aus der
griechisch-römischen Antike. Der römische Nationaldich-
ter Vergil beschrieb beim Abstieg seines Helden Aeneas
in die Unterwelt die „dauernd zu hörenden Stimmen, das
laute Greinen, die weinenden Kinderseelen im ersten Limbus. Diese hat ein schwarzer Tag dem lieben Leben und
von der Mutterbrust geraubt und ins bittere Grab gesto-
ßen."[176] Der Grund für diese Leiden ist keineswegs die
dem antiken Denken fremde Erbsündelehre, sondern die
Vorstellung, daß ein nicht erfülltes Geschick auch in der
anderen Welt Folgen haben müsse. Wie erwachsene Tote, die
nicht bestattet worden sind, keine Ruhe finden, so erdul-

den auch zu jung verstorbene Menschen darob im Hades Schmerzen.

Anders die frühchristlichen Apokryphen. In der *Petrus-Apokalypse* befinden sich die abgetriebenen Kinder in der Hölle, wo ihnen die Aufgabe zukommt, ihre Mütter zu quälen: In einer Schlucht, „in welche der Eiter und der Unrat der Gequälten niederrann und dort zu einem See wurde, saßen Frauen, denen der Eiter bis zum Halse ging, und ihnen gegenüber saßen viele Kinder, welche vorzeitig geboren waren und weinten. Und von ihnen gingen Feuerflammen aus und trafen die Frauen in die Augen."[177]

Die katholische Kirche mit ihrem Absolutheitsanspruch – das Konzil von Karthago 418 wird gleich zu zitieren sein (unten S. 131 f.) – bestand darauf, alle Ungetauften, auch die nur mit der Erbsünde belasteten Säuglinge, in die Unterwelt zu schicken. Dort waren sie in Dunkelheit und der Anschauung Gottes beraubt. Während es die Kirche des Mittelalters als Aberglaube verwarf, die Leichen verstorbener Wöchnerinnen und ungetaufter Kinder zu pfählen[178], was man tat, um zu verhindern, daß sie die Lebenden als Wiedergänger beunruhigen könnten, war es offizielle Lehre, daß die Seelen solcher Kinder im Jenseits Qualen erdulden müßten: Der wichtigste Kirchenvater vor Thomas von Aquin, Augustinus, lobte die Entscheidung als höchst gerecht, jene Häretiker zu verurteilen, die den ungetauften Kleinen „einen Ort der Ruhe und des Heils" zugestehen wollten, „selbst wenn es nicht das Himmelreich sei"[179]. Und der hl. Papst Gregor d. Gr. definierte es in aller Klarheit: „Auch die, die nicht aus eigenem Willen sündigten, erhalten nämlich die ewigen Qualen (perpetua tormenta)"[180]. Thomas von Aquin lehrte: „Aufgrund der Erbsünde war im Limbus puerorum die ewige Strafe nötig", wenngleich die Seelen dort nicht wissen, daß sie der Anschauung Gottes entbehren, weswegen es sie auch nicht schmerzen kann[181]. Es ist außerordentlich bemerkenswert, daß weder er noch einer der anderen Theologen der Zeit die Worte Christi von den Kindern, derer das Himmelreich sei, ebenso ernst nahmen wie etwa seine Höllengleichnisse. Ihnen war es wesentlich wichtiger, die Erbsünde- und Taufdogmatik unbarmherzig zu ihren äußersten logischen Konsequenzen zu führen. Die Frage, ob diese Seelen nicht vielleicht doch beim Weltgericht begnadigt würden, wurde zwar gelegentlich gestellt, aber nicht beantwortet[182]. Das Konzil von Florenz 1439 verschärfte dies noch, indem es ausdrücklich (nicht näher bezeichnete) Höllenstrafen für alle festsetzte, die mit der Erbsünde belastet sterben. Zur selben Zeit vertrat der Augustinermönch Gregor von Rimini sogar die Lehre, die Kleinen würden körperliche Qualen erdulden, was ihm später den Namen „tortor parvulorum" einbrachte: Kinderquäler[183].

Das war eine Lehre, die auch den Laien beigebracht wurde: Die ungetauften Kinder kommen ins Feuer, heißt es z.B. um 1180 im deutschen Lehrgedicht Anegenge[184]. Man darf sich auch nicht vorstellen, daß die mittelalterlichen Gläubigen die „milderen" Strafen, nämlich ewige Dunkelhaft und die Verweigerung der Anschauung Gottes, nur für einen geringen Schaden gehalten hätten. Dafür, daß die Kinder Gott nicht schauen dürfen, würden sie, so predigte der sel. Berthold von Regensburg, gern bis zum Endgericht „an einer glühenden Säule auf und nieder fahren, die von der Erde hinauf bis in den Himmel ginge." Das wollten sie leiden, auch wenn die Säule ganz mit scharfen Messern besetzt wäre, die ihnen das Gesicht zerschnitten. Auch würden sie dazu noch gern alle die Martern auf sich nehmen, die die Heiligen im Himmel je erduldeten.[185]

Genau differenziert ist eine Darstellung dieses Ortes, die die hl. Francesca von Rom aufgrund ihrer entsprechenden Vision gab: „Und sie schaute in einer Ecke, ein wenig unter dem Eingang zur Hölle … die Seelen der ohne Taufe gestorbenen Kinder, eng beieinander. Und sie hatten die Hände auf die Augen gelegt und hatten keine andere Pein als die Finsternis. Dieser Limbus war in drei Teile geteilt: im obersten waren die Christenkinder, und im mittleren die Judenkinder, wo die Dunkelheit schon größer war, und im dritten und untersten Teil, wo die Finsternis am größten war, waren die Seelen der Kinder von Paten und von Mönchen, Nonnen und Priestern."[186] Selbst wenn so behauptet wurde, die Strafen der Kleinen seien eher mild – Dante sprach paradox von „duol sanza martiri"[187], Schmerzen ohne Qual – auch die ewige Finsternis ist für kleine Kinder eine schreckliche Qual – und nach dem Weltgericht werden ja auch sie ihre Körper wiederbekommen, aber nie einen Funken Lichtes.

Vielfach war man im Volk auch der Meinung, der Mutter eines tot geborenen Kindes werde ebenfalls die volle Anschauung Gottes entzogen, was aber als Aberglaube verurteilt wurde[188]. Man stellte sich sogar vor, diese Kinder würden in Bilwise verwandelt, menschenfeindliche Unwesen, die Krankheitspfeile verschießen[189]. Allgemein verbreitet war der Usus, sie am Rand des Kirchhofes, also fast oder ganz außerhalb der geweihten Erde, zu bestatten.

Merkwürdigerweise wurde dieser Limbus aber im Gegensatz zur Unterwelt der Väter fast nie in der bildenden Kunst dargestellt; Ausnahmen stellen die Marienkrönung des Enguerrand Quarton (1453f.), ein bayerisches Arme-Seelen-Retabel von 1488 und ein etwa gleichzeitiges italienisches Wandfresko dar. Sehr selten sah man den Limbus puerorum auch auf der Bühne errichtet, so im mehrfach in Paris aufgeführten Spiel von Christi Auferstehung des Jean Michel († 1501)[190].

Wer selbst Kinder besitzt, kann sich wohl vorstellen, wie sehr Mütter und Väter, deren Kind gestorben war, ehe sie die Möglichkeit gehabt hatten, es zu taufen, unter dieser Lehre gelitten haben müssen. Sie hat deshalb lange die Phantasie des Volkes sogar in Ländern beschäftigt, die seit dem

16. Jahrhundert nicht mehr der katholischen Kirche angehörten (s. u. S. 178 f.). Maßgeblich für letztere war die Sessio V vom 17. Juni 1546 des Konzils von Trient und der darauf basierende Katechismus, der in der Rubrik „Taufe" als 30. Quaestio festschrieb: Ungetaufte Kinder, seien ihre Eltern Christen oder Heiden, sind zu ewigem Leid und Verdammnis geboren. Noch in unserem Jahrhundert sind ausgesprochen zahlreiche theologische Untersuchungen erschienen, die versuchen, dieser als unfehlbar verkündeten Lehre ihre Schärfe zu nehmen[191]. Häretische Gruppen waren da oft gnädiger: Bei den Waldensern glaubte man zwar, daß alle ungetauften Kinder an einen dunklen Ort kämen, aber daß es ihnen dort weder schlecht noch gut gehe[192].

Hölle

„Frá thví er at segja,
hvat ek fyrst um sá,
thá ek var í kvolheima kominn …

Nun ist zu sagen, was zuerst ich sah,
als ich nach Qualheim kam.
Versengte Vögel – Menschenseelen –
schwirren wie Mückenschwärme.

Von Westen sah ich Drachen des Wahns
fliegen mit feuriger Spur.
Sie schlugen die Schwingen, als sollte bersten
der Himmel und die Erde."[193]

So beginnt die Höllenbeschreibung im *Sonnenlied*, wohl
ziemlich genau zu derselben Zeit gedichtet, als Dante den
Inferno, die dreiunddreißig Gesänge von der Hölle, zu
Papier brachte. Mittelalterliche Phantasie von ihrer schrecklichsten Seite:

„Männer sah ich da, die mitnichten wollten
halten die heiligen Tage.
Die Hände waren an heißen Steinen
ihnen notvoll angenagelt.

Männer sah ich da, die manches Mal
über andre Leute logen.
Der Hölle Raben aus ihren Häuptern
unbarmherzig die Augen hackten."[194]

127

Während die Indogermanen sich das Weiterleben der Toten wohl v.a. als eher schattenhafte Existenz in bzw. unter der Erde vorstellten, entstand ab der Mitte der ersten vorchristlichen Jahrtausends die „moralisierte" Unterwelt. Rachephantasien, die auf Erden nicht ausgelebt werden konnten, wurden so in die Zeit nach dem Tode und an einen jenseitigen Ort projiziert. Bekanntestes antikes Beispiel ist die Schilderung der Unterwelt im VI. Buch der *Aeneis* des römischen Dichters Vergil, der die entsprechenden Vorstellungen zusammenfaßt: die Unterweltsströme, der Fährmann Charon, der Höllenhund Zerberus, die Hadesrichter, die Strafen der berühmten Frevler wie Ixion, aber auch die freundlichen Elysischen Felder.

Diese im Mittelalter als dichterische Fiktionen erkannten Beschreibungen blieben aber von ganz untergeordneter Bedeutung für die geglaubten Jenseitsvorstellungen der Christen. Wesentlich wichtiger wurde die biblische Tradition und noch mehr die der Apokryphen. Die Beschreibungen der Unterweltsstrafen, die die Visionäre schauen, wurden aus theologischen Gründen – keine Lebender sei je von dort zurückgekehrt, lehrt ja die *Bibel* (Sap 2,1) – allerdings öfter als die Qualen des Fegefeuers interpretiert denn als die der Hölle.

Im alten Judentum hatte man zwischen Scheol, dem Aufenthaltsort der Toten allgemein, und Gehenna, dem verfluchten Ort äußerster Gottesferne, unterschieden; im frühen Christentum gab es zunächst für Ungläubige und Sünder nur die Hölle. Ob die Germanen und Kelten vor den ersten Kontakten mit dem Christentum einen speziellen Ort nach dem Tode für böse Menschen kannten, ist ungewiß, da die entsprechenden Schilderungen z.B. in der *Liederedda* schon an christliche Texte erinnern und erst von Christen aufgezeichnet wurden.

Nach allgemeiner mittelalterlicher Meinung wurde die Hölle von Gott extra für die unter der Führung Luzifers von ihm abgefallenen Engel geschaffen. Im deutschen *Lucidarius* fragt der Schüler: „‚Wann wurde die Hölle erschaffen?' Der Meister sprach: ‚Im selben Augenblick, als Sathan daran dachte, sich gegen Gott aufzulehnen, da entstand die Hölle durch Gottes Gebot.'"[195] Sie liegt, so wußte der englische Benediktiner Ranulph Higden, der im 2. Viertel des 14. Jahrhunderts eine enzyklopädische Weltgeschichte verfaßte, 3245,5 Meilen unter der Erdoberfläche, da die Erde 6491 Meilen Durchmesser besitzt und die Hölle sich präzise in ihrer Mitte befindet[196]. Diese Ansicht teilte auch Thomas von Aquin[197], und die volkssprachliche Literatur verbreitete sie, so z.B. ein unter Meister Eckharts Namen umlaufender Lehrdialog: „Die wirkliche Hölle, die ist genau in der Mitte der Erde, am weitesten vom Himmel entfernt, so wie die Kerne (mitten) im Apfel sind. Ich will mein Haupt dafür geben, daß davon kein Wort gelogen ist."[198]

Darauf, daß die Vulkane als Eingänge zur Unterwelt galten, haben wir schon hingewiesen (oben S. 26 f.). Gelegentlich meinte man aber, spezielle Höllenregionen auch auf der Oberfläche der Erde lokalisieren zu können: so schon in jenem Gedicht, das von einem falschen Propheten erzählt, der die Hölle als „ganz von dichten Wäldern umgeben" schilderte[199]. Im genannten *Lucidarius* heißt es: „Sie ist an einer Stelle, wo vor Nebel und Finsternis nie ein lebender Mensch hinkommen kann."[200] In der Brandansage ist von Inseln die Rede, deren Felsen brennen oder wo gigantische Schmiede hausen, die die Seelen der Sünder in Ewigkeit quälen[201]. Besonders eindringlich wurde hier das Schicksal der Judas Iskariot gezeichnet: Er muß zwischen einem oberirdischen Höllenort auf einem Felsen im stürmischen Meer und der unterirdischen Hölle wechseln. Montags wird er oben auf einem Rad vom Wind hin und her gewirbelt, dienstags aufgespießt, mittwochs gekocht und geröstet, donnerstags in ein dunkles und eisiges Tal unter der Erde gesperrt. „Am Freitag komme ich wieder in die Höhe, wo so viele Tode gegen mich sind. Dann häuten sie mir die ganze Haut ab, daß von ihr nichts bleibt in der Salzbrühe. Dann treten sie mich auf die brennende Haut. Dann entstehen rasch ganz neue Häute zu dieser Qual. Wohl zehn Mal am Tag enthäuten sie mich und zwingen mich dann, ins Salz zu tauchen. Und dann lassen sie mich geschmolzenes Blei mit Kupfer ganz heiß trinken." Samstags sitzt er in einem so stinkenden Loch, daß er sich erbrechen muß, was er aber wegen des Kupfers nicht kann. Am Sonntag – ein Anflug von Mitleid mit dem Erzsünder, dogmatisch natürlich unzulässig – darf er auf seinem Felsen hocken, zwar von Wind und Wellen gepeitscht, auf der einen Seite so verfroren, daß das Fleisch sich von den Beinen schält, auf der anderen so in der Hitze, daß es anbrennt – aber für ihn im Vergleich zu dem, was ihm Gott an den sonstigen Tagen zugedacht hat, geradezu ein Paradies. So das normannische Brandangedicht des Benediktinermönchs Benedeit (1. Viertel des 12. Jahrhunderts)[202]. Dante war ja ebenso der Meinung, daß die Seele, die die größte aller Höllenstrafen erleidet, Judas im ewig malmenden Maul des Luzifer sei.

Auch gab es lokale Traditionen über bestimmte höllische Gegenden; in Skandinavien dachte man sie regelmäßig im Norden gelegen, weswegen man auch entsprechende Ortsnamen findet[203]. Zahlreiche solcher Namen besonders unwirtlicher Regionen geben auch sonst in ganz Europa Hinweise auf Punkte in der Landschaft, an denen man sich eine oberirdische Hölle oder einen Eingang in die Unterwelt vorstellte (obwohl auch einiges nur durch Umdeutung ähnlich klingender Worte zustande kam). Manche Legenden lokalisierten den ewigen Strafort in den tiefen Wäldern, unzugänglichen Schluchten, am Ende der Welt ...[204]

Daß die Unterscheidung zwischen Hölle und Fegefeuer aber nicht immer klar war, ergibt sich daraus, daß man letzteres auch „obere Hölle" nannte. „Die ist an verschiedenen

Stätten dieser Welt", weiß der *Lucidarius*, „auf den hohen Bergen und den Inseln im Meer. Da brennen Schwefel und Pech, worin die Seelen gemartert werden, die erlöst werden sollen."[205] Daß die Differenzierung auch dem englischen Laienvolk nicht recht deutlich war, ergibt sich etwa aus dem *Gewissensstachel*, dem handschriftlich verbreitetsten Text in mittelenglischer Sprache überhaupt:

> „Die Stätte, die das Fegefeuer enthält
> liegt unter Erde, wie mir der Priester erzählt …
> Desgleichen der Limbus und die Hölle.
> Sie alle können ‚Hölle' genannt werden,
> da eingeschlossen sämtlich unter der Erden."[206]

Wer kommt in die Hölle?

Dies ist der Titel eines mittelenglischen Traktats. Natürlich alle bösen Christen, die von einer Todsünde belastet sterben: Räuber, Mörder, Betrüger, die Konkubinen der Priester, junge Leute, die unverheiratet Liebesbeziehung pflegen …[207] Aber wesentlich größer ist die Masse all derer, die nicht der katholischen Kirche angehören. Es ist heutigen Christen, auch sogar Theologen, erstaunlich wenig bekannt, daß für die Kirchenväter und -lehrer des frühen Christentums, des Mittelalters und der Frühneuzeit eisern feststand: Der weitaus größte Teil der Menschheit ist von Gott für die Hölle vorausbestimmt. Kirchenrechtlich war völlig klar festgeschrieben: „Extra ecclesiam nulla salus" – außerhalb der katholischen Kirche gibt es kein Heil. So erklärte z.B. das Konzil von Karthago 418 folgendes Dogma, von Papst Zosimus bestätigt: „Ebenso haben sie [die versammelten Konzilsväter] beschlossen: Wer sagt, der Herr habe deswegen gesagt: ‚Im Hause meines Vaters gibt es viele Wohnungen' (Jo 14,2), damit man ersehe, daß es im Himmelreich irgendeinen mittleren oder einen irgendwo befindlichen Ort geben wird, wo die kleinen Kinder selig leben, die ohne Taufe aus diesem Leben geschieden sind, ohne die sie nicht in das Himmelreich, welches das ewige Leben ist, eintreten können, der sei mit dem Anathema [der feierlichen Verfluchung und dem Kirchenausschluß] belegt. Denn da der Herr sagt: „Wer nicht wiedergeboren wurde aus Wasser und Heiligem Geist, der wird nicht in das Himmelreich eingehen" (Jo 3,5): welcher Katholik wird da zweifeln, daß derjenige ein Genosse des Teufels sein wird, der nicht verdiente, Miterbe Christi zu sein? Wer nämlich [beim Endgericht] nicht auf der rechten Seite steht, wird ohne Zweifel auf die linke geraten."[208] Auch war auf dem IV. Laterankonzil definiert worden: „Eine einzige allgemeine Kirche der Gläubigen gibt es, außerhalb derer überhaupt niemand (nullus omnino) gerettet wird"[209]. Selbstverständlich waren damit alle Nichtchristen der Hölle verfallen, wie es auch auf den Konzilien von Lyon 1274 und Florenz 1439 dogmatisiert wurde[210]. Aber das predigten die Geistlichen auch schon zuvor (und bestätigten ihnen die Visionäre): Wer sind die, die ohne irgendein Urteil „zur Hölle fahren? ... die Heiden und Juden, die seit der Geburt Christ auf die Welt gekommen sind", so der als Volksbuch gelesene *Lucidarius*[211]. Denn: „Wer außerhalb des katholischen Glaubens steht, kann sich nicht retten" (Predigtbuch des Priesters Konrad, 2. Hälfte 12. Jahrhunderts)[212]. Das Konzil von Florenz deklarierte schließlich völlig eindeutig: „Die Seelen derer, die mit einer Todsünde oder auch nur der Erbsünde sterben, steigen sofort in die Hölle hinab, wobei sie allerdings von unterschiedlichen Martern bestraft werden."[213]. Da nur die Taufe von der Erbsünde erlöst, war damit einmal mehr das Schicksal aller Nichtchristen, einschließlich der ungetauften Christenkinder, besiegelt.

Dementsprechend gefährlich waren barmherzigere Überlegungen darüber, daß Gott doch nicht so hart sein könne:

So wurde in Salzburg ein Priester Rudolf 1340 u. a. deswegen verbrannt, weil er meinte, Juden und Heiden könnten ohne Taufe gerettet werden[214]. Als ketzerisch verworfen wurde auch die Lehre des frühchristlichen Alexandrinischen Theologen Origenes, daß wenigstens am Ende der Zeiten alle Insassen der Hölle befreit würden, ebenso die Meinung des Clemens von Alexandrien, die Strafen Gottes im Hades würden zu einer Umkehr und Reue und damit Rettung der Sünder führen[215].

Trotzdem kursierten (allerdings nicht autorisierte) Legenden, nach denen den Seelen in der Unterwelt wenigstens am Sonntag Ruhe gegönnt würde. Diese Meinung geht zurück auf die frühchristliche *Paulus-Apokryphe*, in der die jüdische Sabbatruhe für die Höllenbewohner übernommen wurde. Freilich wurde diese barmherzige Haltung zunächst monastischer und dann volksfrommer Tradition von der Amtskirche strikt abgelehnt. In Zusätzen zu diesem Text heißt es ausdrücklich: „Daß die Seelen an den Sonntagen von ihren Qualen ausruhen, darf man nicht glauben!"[216] Auch daß ein Heide wie der Kaiser Traian von Papst Gregor I. aus der Hölle freigebetet worden sei oder ein Sohnesmörder, wie der Vater der hl. Odilia von eben dieser, blieben Legenden ohne kirchliche Anerkennung[217].

Befragte einmal eine Charismatikerin wie Mechthild von Ha[c]keborn († 1299), die ja dauernd visionären Umgang mit Gott selbst hatte, ihn zu diesem Problem, so erhielt sie die lapidare Antwort, das brauchten die Menschen nicht zu wissen[218]. Ähnlich verwies Meister Eckhart in einem unter seinem Namen umlaufenden Lehrdialog bei derselben Frage, was denn im Jenseits aus so gelehrten Heiden wie Aristoteles, Plato und Seneca würde, nur auf die Allmacht Gottes, um dann zu betonen: Alle, die nicht getauft sind und nicht an Jesus Christus glauben, „die können nach unserem heiligen Christenglauben nicht gerettet werden, wie gut auch immer sie lebten".[219]

Im Unterschied zu den heutigen Theologen wußten nämlich die mittelalterlichen ganz genau, daß die Hölle von
Gott nicht nur zur Aufnahme des gefallenen Luzifer und
seiner Engel, sondern auch für eine viel größere Zahl von
Menschen geschaffen worden war als der Himmel[220]. Vor
dem 19./20. Jahrhundert war dies unumstritten. Noch der
Philosoph Leibniz schrieb in seinem Hauptwerk, der *Theo-
dizee* § 109: „Wir halten fest an der außer Zweifel stehen-
den Lehre, die Zahl der ewig Verdammten sei unvergleich-
lich viel größer als die der Geretteten." Schließlich stand im
Alten Testament, daß die Zahl der Dummen unendlich sei
(Eccl 1, 15), schließlich hatte der Erlöser selbst gelehrt, daß
nur wenige auserwählt würden (Mt 20, 16; 22, 14).

Eine unter den ägyptsichen Juden um 100 niedergeschrie-
bene Apokryphe gab die Zahl der Verdammten zu der der
Erlösten mit 60 000 zu 1 an[221]. Der einflußreichste der Kirchenväter, Aurelius Augustinus († 430), schrieb es fest: Aufgrund der Erbsünde wurde die Menschheit zu einer „massa
damnationis" oder „massa damnata", einer der Hölle ver-
fallenen Menge, aus der die göttliche Barmherzigkeit nur
ganz wenige begnadigt. Die anderen sind „prädestiniert",
d.h. vorherbestimmt „zum immerwährenden Tod", „zum
immerwährenden Untergang", „ins ewige Feuer"[222]. Auch
der einflußreichste spätere Theologe der katholischen Kirche,
Thomas von Aquin, lehrte in seiner *Summa Theologiae*:
„Sehr wenige sind es, die gerettet werden... die Meisten ver-
fehlen das Heil ..."[223]

Das wurde durch die Predigt den Gläubigen eingeprägt:
Berthold von Regensburg illustrierte diese Gewißheit mit
der Vision eines Heiligen, der in einer bestimmten Zeit
viele Hundertausende in die Hölle fahren sah, aber nur drei
in den Himmel, wobei die Zahl der zur Hölle Fahrenden
immer größer wird, je mehr sich die Welt ihrem Ende
nähert[224]. Johannes Herolt, ein Prediger des 15. Jahrhunderts, erzählte, wie die Seelen so ununterbrochen in die Un-

terwelt fallen wie Schnee vom Himmel, und daß auf 30 000 Tote nur zwei kommen, die die Seligkeit erlangen, und nur drei, die im Fegefeuer büßen dürfen, während alle 29 995 anderen verdammt sind. Der kaum weniger beliebte Kartäuser Dionysius von Rijkel lehrte, daß die Masse der Verlorenen die der Geretteten, der Engel und Teufel zusammen übertreffen werde. Gern rechnete man die Anzahl der zur Hölle Prädestinierten durch biblische Vergleiche hoch, wobei die wenigen Insassen der Arche Noah den Seligen zu vergleichen seien, die große Menge der in der Sündflut Ertrunkenen aber den Verdammten[225].

Um gegen etwaiges Unbehagen an dieser Prädestinationslehre zu argumentieren, war der ästhetische Vergleich besonders beliebt: Frage: „Warum hat Gott jene geschaffen, von denen er vorauswußte, daß sie Sünder werden würden?" Antwort: „Zum Schmuck seines Werkes. Wie nämlich ein Maler schwarze Farbe unterlegt, damit das Weiß oder Rot kostbarer sei, so werden die Gerechten strahlender durch den Kontrast mit den Bösen." So im 12. Jahrhundert der weitestverbreitete *Elucidarius* des Honorius[226] und nach ihm viele andere.

Unabläßig wurde gepredigt, daß auch eine einzige nicht bereute bzw. gebeichtete Todsünde unausweichlich und für immer in die Hölle führt. Dabei galt: Unkenntnis schützt nicht vor der ewigen Strafe. Viele Hunderttausende Seelen sind ob dieses Unwissens in die Hölle gefahren, predigte Berthold von Regensburg. Auf den Einwand eines Zuhörers: Ich weiß gar nicht so genau, was eigentlich zu den Todsünden gehört, antwortete er: „Nun, dann hast du davon eben den Schaden!"[227]. Man muß lesen, wie etwa der reformeifrige Johannes Busch (1400–1480) einen Prediger preist, der den Leuten damit Angst macht, daß im Meßbuch auf dem Altar Brief und Siegel enthalten seien, nach denen ihre Eltern bereits in den Höllenflammen brennen würden …[228]

Gelegentlich haben wir auch die Möglichkeit, etwas von der Reaktion der Laien zu erfahren, wenn sie mit dieser Lehre konfrontiert wurden. Simon Berti, einer der Florentiner Dominkanerprediger im Umkreis Savonarolas, läßt in einer Predigt die üblichen Einwände Revue passieren: „Wenn ich verdammt oder gerettet bin, was soll ich mich kasteien oder fasten, wenn Gott mich ohnehin zum Paradies oder zur Hölle vorherbestimmt hat? Und warum konnte er es nicht von Ewigkeit an so einrichten, daß Judas sich retten kann, er genauso wie der hl. Apostel Matthias? ... Wenn ich entweder zu den Geretteten gehöre, werde ich mich retten, und wenn ich dagegen zu den Verdammten gehöre, werde ich mich verdammen, denn Gott hat von Ewigkeit an so vorherbestimmt und verworfen – daher werde ich mir [auf Erden] eine gute Zeit machen ..." Theologisch war da wenig Überzeugendes dagegen zu sagen; Berti flüchtet sich in den traditionellen Vergleich Gottes mit einem Handwerker, der eben, wie er will, schöne oder häßliche Gefäße erzeugt, „denn so hat es ihm gefallen". Oder: Gott ist wie ein Feudalherr, der zwei Übeltäter gefangen genommen hat und den einen begnadigt, den anderen hinrichten läßt. Um den freien Willen zu retten, bringt der Prediger noch folgenden Vergleich: Wenn der Besitzer eines Weinberges sagen würde: „Gott weiß von Ewigkeit an, wieviel Wein ich davon haben werde", und deshalb nicht daran arbeiten würde, so wäre er verrückt. Gleiches gilt für die Tugendwerke: „Wenn wir Gutes tun, werden wir zum Paradies prädestiniert sein, wenn wir Böses tun, zur Hölle" – wobei das Wesentliche am guten Akt freilich nicht das Tun des Menschen, sondern die zu Hilfe kommende, von Gott freiwillig gespendete Gnade ist ...[229] Nur wo sich die Mystik des augustinisch-scholastischen Systemzwanges entschlug, hörte man Töne, die vielleicht mehr Vertrauen geben konnten: „Das Himmelreich steht jedem feil um so viel, wie er leisten kann. Darum soll der

Mensch alles geben, was er leisten kann, dann ist das Reich Gottes sein!"[230] So ein Meister Eckhart zugesprochener Lehrsatz.

Daß die Christen, als sie noch eine verfolgte und machtlose Sekte waren, ihre Rachephantasien in die andere Welt projizierten, ist nicht unverständlich. Tertullian etwa († nach 220) skizziert im Schlußkapitel seiner Schrift gegen das Theater das „Schauspiel" der Wiederkunft des Herren aus der Perspektive des Christen: „Wo wird dann der Ort meiner Freude, meines Frohlockens sein? Wenn ich so viele und mächtige Könige, von welchen es hieß, sie seien in den Himmel aufgenommen, in der äußersten Finsternis seufzen sehe; wenn so viele Statthalter, die Verfolger des Namens des Herrn, in schrecklicheren Flammen, als die, womit sie höhnend gegen die Christen wüteten, zergehen, wenn außerdem jene weisen Philosophen mit ihren Schülern, welchen sie einredeten, Gott bekümmere sich um nichts, welche sie lehrten, man habe keine Seele, mitsamt ihren Schülern und vor ihnen beschämt im Feuer brennen ... Dann verdienen die Tragöden aufmerksames Gehör, indem sie nämlich ärger schreien werden als in ihrem eigenen Unglück; dann muß man sich die Schauspieler ansehen, wie sie noch weichlicher und lockerer durch das Feuer geworden sind ... Solches zu schauen, kann dir kein Prätor, Konsul, Quästor oder Götzenpriester mit all seiner Freigebigkeit gewähren. Und doch haben wir diese Dinge durch den Glauben im Geiste und in der Vorstellung bereits gewissermaßen gegenwärtig."[231] Das Schauspiel des Höllenleidens der Ungläubigen, ein Genuß für den Christen. Eben diese Einstellung wird genauso die mittelalterlichen Texte über die Hölle prägen, wobei das hier Vorgetragene dann von einigen Visionären wie dem Bauern Thurkill (1206) in der Ekstase ganz konkret geschaut werden wird: Da treten nämlich die Sünder in der anderen Welt in einem Schauspiel zum Vergnügen der Teufel auf und geben unter schrecklichen Qualen eine Theatervorstellung von ihren Vergehen[232].

Die apokalyptischen Apokryphen haben v.a. im Frühmittelalter, vermittelt u.a. durch irischen Mönche, die Höllenvorstellungen besonders mitgeformt. Sehr verbreitet und in alle Volkssprachen übersetzt war ein Jenseitsgesicht, das der Apostel Paulus gehabt haben sollte (s. oben S. 47 f.). Als Beispiel seien jedoch einige Höllenszenen zitiert, die dem Schriftgelehrten Esdras zugeschrieben wurden und die in verschiedenen Fassungen in der orthodoxen Kirche und im lateinischen Westen bekannt waren: Sieben Höllenengel tragen den Seher auf siebzig Stufen in die Unterwelt, die von Löwen bewacht wird, an denen die Gerechten vorbeischreiten, von denen aber die Sünder in Stücke gerissen werden. Fünfzig Stufen tiefer liegt die Hölle selbst. „Da sah er einen Kessel voll von Pech und Schwefel; es wogte drin wie Meereswogen. Gerechte kamen und wandelten in seiner Mitte auf den Feuerwogen und priesen laut den Herrn, als ob sie schon auf Tau und kühlem Wasser gingen ... Nun kamen Sünder und wollten auch hinüber; da aber kamen Höllenengel und tauchten sie in Feuers Glut. Und aus dem Feuer schrien sie: ‚Erbarm dich unser, Herr!‘; er aber blieb erbarmungslos ...“ Auf einem Feuerthron sitzt Herodes, umgeben von seinen Räten. „Esdras ging und sah in Fesseln Menschen, und Höllenengel schlugen sie mit Dornen in die Augen. Da sagte Esdras: ‚Wer sind doch die?‘ Die Engel sagten: ‚Sie haben falsche Wege Irrenden gezeigt.‘ Da sagte Esdras: ‚Sei gnädig, Herr, den Sündern!‘ Dann sah er Mädchen, wie sie dem Tode nahe mit Halseisen, fünfhundertpfündig, kamen. Da fragte Esdras: ‚Wer sind doch die?‘ Die Engel sagten: ‚Die sind's, die vor der Hochzeit ihre Jungfrauschaft verloren.‘ Dann sah er eine Menge Greise auf dem Boden liegen, und über sie ergoß sich glühend Blei und Eisen; da frage er: ‚Wer sind doch die?‘ Die Engel spra-

chen: ‚Dies sind die Lehrer des Gesetzes; denn sie befleck-
ten Taufe und Gesetz des Herrn, weil sie mit Worten lehrten, jedoch nicht also taten und darin werden sie gerichtet.'
... Dann sah er gegen Westen einen Ofen, von wunderbarer
Größe, feuerglühend: es wurden viele Könige und Fürsten
dieser Welt darein geworfen ..." Auf die wiederholten Für-
bitten des Schriftgelehrten für die Gequälten antwortet
Gott, daß jeder nach seinen Werken empfangen solle. „Da
sagte Esdras: ‚Du handelst an den Tieren milder als an uns,
ach Herr ... Sie sterben hin und haben keine Sünde; uns
aber peinigst du im Leben und im Tod.'"[233].

Viele Züge aus solchen Apokryphen werden die mittelalterliche Visionsliteratur und sonstigen Hölledarstellungen
prägen: die Struktur des Vorrückens von einem Marterort
an den nächsten, die Arten der Verbrechen und der Strafen
(wie z.B. der kaum je fehlende siedende Kessel oder tier-
gestaltige Dämonen[234]), die Führung durch Engel oder Heilige, die Konfrontation mit namentlich genannten Sündern
etc. Anders aber als der mittelalterliche Visionär hat der
jüdisch-frühchristliche noch die Stirn, Gott der Ungerech-
tigkeit ob der grausamen Vergeltung zu zeihen und ihn um
Erlösung aus der Hölle zu bitten. Das sollte später mit der
Verfestigung der Dogmatik unmöglich werden: Mittelalterlichen Ekstatikern kommt eine Kritik an den Qualen der
Verdammten nicht in den Sinn.

„Tod ohne Tod"

„In der Hölle, da ist Tod ohne Tod, Klage und Jammer, jede
Freudlosigkeit, Mangel an Frohem. Pechdampf. Stärkster
Schwefelgestank. Verderbliche Nebelschwaden. Des Todes
Schattengrube. Jedes Trübsals Gewoge ... Aller Unlust ver-
derblicher Ansturm. Bebende Furcht. Zähneklappern. Aller-
lautestes Wehgeschrei ... Die leidvolle Heimstätte, der Höl-

lenkerker, das reichste Schatzhaus aller Unwonne. Der Hitze
Abgrund. Im Verderben eingeschlossen. Der Teufel Toben.
Ihr sinnloser Zorn ... Ohne Ende in der Zeit, immer in
Ewigkeit. So ist das Höllenreich seinerseits beschaffen."[235]
So das Gegenstück zur oben (S.59) zitierten althochdeut-
schen Himmelsdarstellung des ausgehenden 11. Jahrhun-
derts.

Wiewohl die Visionäre viel mehr über das Fegefeuer berichten, können doch manche von ihnen auch einen Blick
in die Hölle werfen. In der Vision des englischen Laien
Ailsi († um 1120) ist sie ein unendlich großes Haus, in dem
die Seelen mit glühenden Ketten an dem Glied angekettet
sind, mit dem sie gesündigt haben. „Manche wurden von
Feuerketten durch die Zungen geknebelt und von gleicherweise glühenden eisernen Dreizacken durchbohrt. Das
waren die, die mit der Zunge sündigten, also Advokaten,
Berater, Lügner, Schmeichler, Verleumder und alle ähnlichen ... Überall in dem Haus war Geschrei, Klagen, Stöhnen, Geheul und unendliches Leid und unerträgliche Strafen ... Es gab dort Feuer, Knüppel, Dreizacke, Blei-, Pech-
und Schwefelbäder ... darin wurden die armen Seelen gekocht, gedörrt, gequält und zu Nichts verflüssigt, doch sie
wuchsen wieder für die Martern und gingen von einer Pein
in die nächste." Ähnliches wiederholt sich in dem anschlie-
ßenden Höllental, das wegen der Angriffe der Dämonen
von dem Visionär und seinem Sohn nur unter dem Schutz
von rechtzeitig mitgenommenen Krügen zu durchqueren
ist, mit denen sich die Feuergeschosse der Teufel abwehren
lassen[236]. Es ist immer wieder das so treffende Wort des
katholischen Historikers Friedrich Heer zu zitieren: „KZ-
Wirklichkeit in dieser Kirchen-Hölle"[237]. Denn es waren
Geistliche und Mönche, die dafür sorgten, daß solche Berichte vervielfältigt und gepredigt wurden, nicht die Laien,
die die Schreckensgesichte in ihren Angstträumen geschaut
hatten.

Hölle
(Steinrelief, italienisch, Fornovo, um 1200)

Die Predigt bediente sich hundertfach entsprechender Bilder. Sogar der sonst eher der Liebesmystik zuneigende Bernhard von Clairvaux hat seine Zuhörer einen Blick in die Hölle tun lassen: Gott als der schreckliche Richter des Jüngsten Tages, „er, ja, er ist zu fürchten, der, nachdem er den Körper erschlagen hat, die Macht besitzt, ihn auch in die Hölle zu werfen [nach der Auferstehung des Fleisches beim Jüngsten Gericht]. Ich habe Angst vor der Unterwelt, Angst vor dem Antlitz des Richters, das sogar den Gewalten der Engel Schrecken einflößt. Ich erbebe vor dem Zorn des Mächtigen, vor dem Blick seiner Wut, vor dem Dröhnen der zusammenstürzenden Welt, vor dem Feuersturm der Elemente, vor dem mächtigen Ungewitter, vor der Stimme des Erzengels und vor dem harten Wort. Ich erbebe vor den Zähnen der Höllenbestie, dem Bauch der Hölle, dem Brüllen der [Untiere], bereit zum Verschlingen. Ich schaudere vor dem nagenden Wurm und dem sengenden Feuer, dem Rauch, dem Schwefeldampf, dem Sturmsausen, ich schaudere vor der äußersten Finsternis. Wer wird meinem Haupt Wasser geben und meinen Augen den Tränenstrom, um mit meinem Weinen dem Weinen und Zähneknirschen zuvorzukommen, den harten Fesseln an Händen und Füßen und der Last der Ketten, die niederdrücken, zusammenschnüren und verbrennen, ohne zu verzehren. Weh über mich, meine Mutter. Was hast du mich geboren, ein Kind des Schmerzes …"[238] Auch das ist Bernhards Gott: der Rächer, der zum Endgericht kommen wird, das „verbum asperum", das harte Wort, sein Verdammungsurteil sprechen wird. Es heißt, Bernhard habe seine Mönche bisweilen so mit solchen Höllen- und Gerichtsdrohungen terrorisiert, daß er sie danach trösten mußte. Er beruhigte sie mit der Versicherung, sogar Judas Iscariot (dessen Verurteilung zur Hölle für das Mittelalter unanzweifelbar war[239]) hätte noch Gnade gefunden, wenn er Zisterzienser geworden wäre![240] Auch seinen Vater Tescelin brachte er dazu, in das von ihm geleitete Kloster einzutreten, indem er ihm vor einem entzündeten Baumstrunk vom Höllenfeuer predigte, worin er so wie dieses Holz brennen würde, falls er sich nicht schon im Erdenleben vom göttlichen Feuer entzünden lassen wolle[241].

Während die Höllenvorstellungen vor dem Hochmittelalter zwar die intellektuelle Oberschicht, damals also v. a. das Mönchtum, schon intensiv beschäftigten, wie u. a. die von ihnen vervielfältigten Manuskripte mit entsprechenden Visionen zeigen, waren die durchschnittlichen Gläubigen damit noch nicht im Detail konfrontiert. Erst die romanische Kunst mit ihren Weltgerichtsbildern außen am Westwerk und innen an den Gewölben und Wänden oder später den Glasfenstern sowie die Intensivierung der Predigttätigkeit, v. a. durch die Bettelorden seit dem frühen 13. Jahrhundert, sollten die Höllenangst auch dem Volk einimpfen.

Um ein kurzes Beispiel von dem zu geben, was sich früh-mittelalterliche Religiose über die Hölle erzählt hatten, zitiere ich eine Beschreibung, die in der Korrespondenz des hl. Bonifatius († 754) an eine Äbtissin überliefert ist. Ein Ekstatiker schaute in der anderen Welt „in den tiefsten Tiefen viele Feuerschlünde, die eine schreckliche Flamme ausspieen. Und während die furchtbare Flamme dieses Schreckensfeuers hochschlug, seien die Geister armer Menschen in Gestalt schwarzer Vögel weinend und heulend durch die Flammen geflogen, mit menschlichen Worten und mit Menschenstimme beklagend die eigenen Taten und die nunmehrige Bestrafung herauskreischend. Am Rand der Schlünde hätten sie sich niedergesetzt und seien ein wenig verweilt, um dann, wieder aufheulend, in die Schlünde zu stürzen." Doch haben diese Seelen noch die Aussicht, beim Endgericht erlöst zu werden. Dagegen hörte der Visionär „aber unter jenen Schlünden, noch tiefer, in der allertiefsten Tiefe, in der unteren Hölle, schreckliches Stöhnen und Weinen klagender Seelen, das erzittern läßt und kaum zu beschreiben ist. Und es sprach der Engel zu ihm: ‚Das Gestöhn und Weinen, das du ganz unten hörst, kommt von jenen Seelen, zu denen nie ein gnädiges Erbarmen Gottes dringen wird, sondern die die ewige Flamme ohne Ende kreuzigen wird.'"[242] Dieser Text zeigt in für das frühe Mittelalter ganz typischer Weise, daß die Idee einer wenn auch bis zum Jüngsten Tag dauernden Reinigung durchaus schon gegeben war. Aber die Seelen dachte man sich nicht an einem eigenen Ort, wie seit dem 12. Jahrhundert, sondern genauso als Bewohner der Hölle wie die auf ewig Verdammten. Daß die Seelen in Vogelgestalt erscheinen, war ein im ganzen Mittelalter verbreiteter Gedanke, wie wir schon gesehen haben (oben S. 40 f., 62, 80, 95).

Durch die Predigten und die Übersetzungen der monastischen Texte in die Volkssprachen, ein Zeugnis der sich seit dem 11. Jahrhundert intensivierenden Katechese, wurden im Hochmittelalter die ursprünglich v. a. auf die Klöster beschränkten Jenseitsbilder auch unter den Gläubigen allgemein verbreitet. Aussagekräftig für die Rezeption der Höllenvorstellungen durch die Laien ist es, wenn sich damals das Eindringen solcher Motive in Textsorten ganz anderer Zielsetzung feststellen läßt, etwa in den Antikenroman. Hier handelte es sich ja um Neugestaltungen der großen mythologischen und historischen Themen der Dichtung des lateinischen Altertums, die wenig mit der Unterwelt zu tun haben, sieht man vom Orpheus- und Aeneas-Stoff ab. Was hat der Welteroberer Alexander mit dem Hades zu tun? Aber im *Alexanderlied* des Walther von Châtillon (um 1184) begibt sich die personifizierte Natur, um sich an dem überheblichen Makedonenkönig zu rächen, in die Unterwelt. Walther hält sich aber bei deren Schilderung nicht nur an das berühmte Vorbild des VI. Buches von Vergils *Aeneis*, sondern bringt u. a. ganz anachronistisch das christliche Erbsündedogma ins Spiel:

„Steil fällt dort das Gelände zur schrecklichsten Tiefe
    des Schlundes,
Stets von Hitze durchglüht, wo rächend die höllischen
    Flammen
Missetaten bestrafen und Seelen, die schuldig geworden.
Diese freilich mag ein und dasselbe Feuer versengen,
Dennoch peinigt der Brand nicht alle mit gleicher
    Vergeltung:
Mancher wird weniger heftig gequält und manch einer
    härter.
Denn es richtet zumeist die Hölle sich so nach der
    Menschen
Schuld, daß jeder, der leichter gefehlt, auch leichtere
    Strafen
Abbüßt, während, wer schwerer irrend Gesetze verletzt
    hat,

Um so schwerer als Sühne die Flammen zu spüren
    verdammt ist.
Solche auch gibt es, die außer durch unseres Urvaters
    Leichtsinn
Niemals, oder entschuldbar, ihr Leben mit Sünde
    besudelt;
Diese peinigt die Gluthitze nicht, zumindest nur
    mäßig ..."

Doch auch die Eisespein bleibt den Seelen in diesem christlichen Hades nicht erspart, wobei Walther den biblischen „Tod ohne Tod" zitiert:

„Von alters her liegt hier der Sünden Ebene,
frosterstarrt, zerrissen von beißender Kälte,
Deren grimmige Strenge kein Lüftchen noch Sonnenstrahl
    mildert.
Rings zu Boden gestreckt, erleiden dort schuldige Seelen
Beispiellose Qualen im Kampf mit dem Tod: die längst
    schon gestorben,
Können nicht sterben; denn wessen erloschenes Leben
    sich schuldig
Hier auf Erden gemacht, erlebt seinen Tod unter Foltern
Weiter dort in der Hölle, so daß, wer während des
    Daseins
Hier von Sünden nicht läßt, auch dort kein Ende des
    Sterbens
Kennt: Vom Frost schon entkräftet, gelangt er aus Kälte
    und Schneesturm
Plötzlich in feurige Glut – es stirbt, o elende Buße,
Ewig und nie, wen jener Kerker der Unterwelt martert."[243]

Noch ausführlicher beschrieb das spanische *Alexanderbuch* (um 1200) die Hölle, hier als mauerumzogene Folterstadt[244], ein Bild, das sich auch bei Dante finden sollte.

In einen anderen höfischen Roman, den niederländischen *Wigalois*, ging die Vorstellung ein, es müßten sündige Ritter nach dem Tode in einem Feuer weiterturnieren, das brennt, ohne zu verbrennen[245]. Im späten Mittelalter findet man dann Züge aus der *Divina Commedia* unter anderem in einem im 8. Jahrhundert, in der Zeit Karl Martells, spielenden Heldenroman wieder, im anonymen *Huon d'Auvergne* (1. Viertel 14. Jahrhunderts): Der titelgebende Graf kommt nach vielen Abenteuern – u. a. sieht er das Irdische Paradies – zu einem am Meer liegenden Hölleneingang. Vier Tore führen in die Unterwelt, eines für Christen, eines für Juden, eines für Muslime, und ein viertes zum Limbus patrum (?). Unter der Führung des Aeneas und des hl. Wilhelm von Orange kommt der Held zunächst zu den Lauen, die in einem Metallregen leiden; widernatürliche Sexualsünden werden durch Wespen und Gewürm gebüßt, manche Züge, wie der Acheron und sein schrecklicher Fährmann Charon, sind der antiken Mythologie entlehnt. Huon trifft auch auf viele Bekannte, nicht anders als Dante. Schließlich wird der Graf von einem Dämon auf Befehl des Heiligen sicher in seinen Palast zurückgebracht[246]. So gelangte die Hölle in die Unterhaltungsliteratur, die im Mittelalter freilich immer auch eine belehrende Note hatte. Daß dies möglich war, darf als Indiz der tiefen Durchdringung auch der Laienwelt jener Ära mit religiös-christlichen Vorstellungen interpretiert werden.

Doch kehren wir nochmals zur Visionsliteratur zurück. Um ein gängiges, aber falsches Bild von der Mentalität der mittelalterlichen Mystikerinnen zu korrigieren, sei hier noch kurz eine Passage aus den Visionen der hl. Francesca von Rom übersetzt. Genausogut könnte man aber das II. Buch des *Liber vitae meritorum* der hl. Hildegard von Bingen zitieren, oder die *Revelationes* der hl. Birgitta von Schweden oder die Schauungen der südfranzösischen Prophetinnen des 14. Jahrhunderts. Die Charismatikerinnen jener Zeit – selbst eine Minnemystikerin wie Mechthild von Magdeburg[247] – schwelgten nämlich oft und oft in genau denselben Rachephantasien wie ihre männlichen Kollegen. Seiten um Seiten beschrieben sie und auch andere Frauen, etwa die Dichterin Marie de France, die Martern in der Unterwelt mit größter Detailfreude (was freilich in heutigen Darstellungen fast regelmäßig mit Absicht verschwiegen wird).

Die hl. Francesca von Rom (1384–1440) war durchaus auch eine Vertreterin der bräutlichen Christusfrömmigkeit des Spätmittelalters. Aber neben ihren zahlreichen mystischen Begegnungen mit dem himmlischen Bräutigam wurden ihr auch erschütternde Jenseitsgesichte zuteil, die u.a. Bilder aus der *Göttlichen Kommödie* Dantes visionär verarbeiten. Sie sind von ihrem Beichtvater in italienischer und lateinischer Sprache im *Traktat wie die sel. Franziska im Geist vom Engel Raphael geführt wurde, um die Qualen zu schauen, die die Seelen in der Hölle erleiden*[248], aufgezeichnet. Die Hölle ist von oben nach unten dreigeteilt, je tiefer, desto grauenvoller. „Sie schaute auch einen riesigen Drachen, der in der genannten Hölle war und sich über alle drei Orte erstreckte. Das Haupt war am oberen Ort, der Leib war am mittleren Ort und der Schwanz am unteren Ort ... er hatte den Rachen aufgesperrt und die Zunge draußen, woraus er riesige Feuermengen spie, nicht aber, daß es leuchtete, sondern es war tiefschwarz und gab eine riesige und grausame Hitze. Er strömte auch aus seinem Rachen so großen Gestank aus, daß er von menschlichem Geist nicht vorgestellt werden kann. Und aus seinen Augen, Ohren und der Nase spie er schwarzes Feuer mit großer Hitze und Gestank ... Sie sah auch den allerschrecklichsten Satan ... er hatte auf seinem Haupt als Krone gleichsam etwas in der Art eines Hirschgeweihs mit vielen Enden, und aus allen Enden spie er daraus das schreckliche Feuer. Sein

Gesicht war unausdenklich schrecklich und grauenhaft, und allseits spie er das genannte Feuer. Es war der genannte Satan mit gewissen feurigen Ketten gebunden, gebunden an der Kehle und an den Händen und an den Füßen und in der Mitte ..." Wenn nun die Dämonen eine „schmerzensreiche Seele" anbrachten, „stürzten sie manche kopfüber in den Rachen des obengenannten Drachen, der immer offen stand, und von diesem Drachen wurde sie verschlungen. Und schnell kam die arme Seele aus dem Bauch des Drachen und wurde von gewissen und dazu abgeordneten Dämonen mit grausamsten Martern vor den oben erwähnten Fürsten gestellt. Und sogleich wurde die schmerzensreiche Seele vom Feuer gequält, das aus den vielen Teilen dieses Fürsten Luzifer sprühte. Und dieser Fürst Luzifer verurteilte sie schnell, und sogleich wurde die elende Seele von anderen Dämonen, die dazu bestimmt und abgeordnet waren, an den angegebenen Ort gebracht, gemäß den von dieser Seele begangenen Sünden ..."[249] Besonders gequält werden die Abweichler vom katholischen Glauben. Die Heilige schaut in ihrer Höllenvision im Abschnitt „über die Renegaten", wie diese mit feurigen Sägen von den Dämonen zerschnitten werden, während flüssiges Blei auf sie herabtropft. „Und in der Mitte zerschnitten, wie sie waren, wurden sie wiederum heil, und die Dämonen schütteten ihnen zu ihrer harten Bestrafung mit gewissen glühenden Eiseninstrumenten etwas Flüssiges in die Kehle ..."[250] – das so beliebte Motiv des „Höllentrunkes"[251].

Wie im irdischen Recht entspricht die Pein dem Vergehen. Insofern ist folgende auf einer Vision des Mystikers Heinrich Seuse basierende Höllendarstellung des 15. Jahrhunderts aus Süddeutschland typisch: „Die Trinker, Fresser, Schwelger, die ihrem Bauch gedient haben mit Wollust der Speise und des Trankes, die wurden gepeinigt so wie hungrige Wölfe mit unleidlichem Hunger und Durst. Und wenn sie zu trinken oder zu essen begehren, so sind die Teufel bereit, ohne alles Erbarmen mit Schaufeln und mit brennenden Kübeln: Sie gaben ihnen einen Trank von Schwefel und geschmolzenem Blei, rubinrot von der Hitze. Den Trank gossen ihnen die Teufel in ihren Mund, und der ging ihnen durch ihren Bauch ... Die aber fleischliche Liebe gekannt haben, sowohl Männer als auch Frauen, ... die hatten feurige Pfeile, und mit grosser Hitze liefen sie einander nach und jagten und verwundeten einander mit bitteren tödlichen Wunden an ihrem ganzen Leibe. Und jegliches hatte seinen Buhlen an der Hand in der Qual, die auch hier einander gehabt haben in den Sünden, und ihrer Liebe wurde mit grosser Marter gepeinigt ... Aber die beim Gottesdienst träge waren, die mußten ohne Unterlaß mit den Teufeln von einer Flamme in die nächste laufen und von einem Gestank in den anderen ..."[252]

Im *Väterbuch* feuert der liebe Gott selbst den Teufel als „helle schrowel", Höllenhenker, dazu an, die Seele eines Sünders entsprechend grausam zu behandeln[253]. Daß Gott selbst und niemand anderer Hölle und Fegefeuer mit all ihren unendlichen Sadismen erdacht und angeordnet hat, wo die Teufel nur seine Urteile vollziehen, war (und ist) in der orthodoxen katholischen Dogmatik völlig unumstritten, obwohl man dies schon im Mittelalter expressis verbis ungern aussprach. Symptomatischerweise läßt Dante die Hölle in der Inschrift über dem Tor zum Inferno sagen, „fecemi la divina potestate, la somma sapienza e 'l primo amore"[254] (es schuf mich die göttliche Macht, die höchste Weisheit und die erste Liebe), nennt also drei Abstrakta in Vertretung der Personen der Trinität.

Am dominierendsten erschien die Drohbotschaft freilich auf den romanischen und gotischen Tympana über den Westeingängen der Kirchen[255]. Dort setzte sich seit ca. 1100 als festes ikonographisches Motiv das Endgericht durch, bei dem die Höllenschergen jedweden sadistischen Einfall ihrer

Schöpfer ausführen konnten, ohne daß jene deshalb ein Schuldgefühl hätte plagen müssen: ging es doch gegen zur ewigen Pein verurteilte Sünder, gegen die alles erlaubt war. Bereits Künstler des frühen 12. Jahrhunderts waren aber durchaus in der Lage, die Angst der Verdammten genauso erschütternd zu verewigen, wie die Brutalität der bösen Geister, was wohl kein Werk besser zeigt als das des Bildhauers Gislebertus von Autun (um 1130). Auch wenn die Gestalt, die auf den Weltgerichtsbildern der Hölle oder dem Höllenrachen gegeben wurde, sich auf den ewigen Kerker bezog, in den nach dem Weltgericht und der Auferstehung sowohl Leib als auch Seele verdammt würden, stellte man sich diesen Ort nicht anders vor, solange er noch vorher, in der Zeit, nur für die Seelen bestimmt war. Schwer zu vergessen, was sich in Autun unter und neben der Waage des hl. Michael und den gleich großen Teufeln abspielt: die zusammengekrümmten Leiber der Verdammten, der Unselige, dessen Haupt von riesigen, aus dem Nichts kommenden Teufelsklauen erfaßt wird, der heilige Engel, der mit gezogenem Schwert den Sünder auf die linke Seite des Unheils treibt ...

Auch für die Gotik sei nur ein Beispiel erwähnt: die Höllendarstellung, die der Bildhauer Erhard Küng († 1507) für das Tympanon des Berner Münsters schuf[256]. Verdammte sind an ihren weit hervorgestreckten Zungen an Haken gehängt, während sie verzweifelt versuchen, die Beine hochzuziehen, die von unten durch hochzüngelnde Flammen verbrannt werden. Ein Mönch und eine Dirne werden mit einer schweren Kette zusammengeschmiedet; ein Dämon zerquetscht ihm mit einer Zange das Glied. Ein nackter, aber nach wie vor die Tiara tragender Papst wird von einem beißenden Teufel kopfüber in den Höllenschlund gestürzt usf. Mit diesen und ähnlichen Szenen waren die Bürger in jeder mittelalterlichen Stadt im öffentlichen Raum täglich konfrontiert ... Und in wie vielen Kirchen war nicht auch hinter dem Hochaltar die Hölle aufgemalt, so daß der dort Beichtende sein Schicksal vor Augen hatte, falls er eine Sünde verschwieg![257]

Liebeshöllen

Die spätmittelalterliche Besessenheit mit dem Schrecklichen, die sich auch im Dämonen- und Hexenglauben oder der Strafrechtspraxis manifestierte, brachte auch eine ganz unerwartete Spielart der Höllenbilder hervor. Besonders die französische Literatur des Mittelalters hatte zahlreiche Dichtungen geschaffen, die sich allegorischer Höllen bedienten. Es handelt sich dabei durchaus um religiöse Werke, bestimmt, die Menschen vor Lastern zu warnen, aber der Weg zu dieser Unterwelt führt über sinnbildliche Stationen wie den Fluß der Völlerei oder die Festung Verzweiflung, das Personal besteht nicht aus Dämonen, sondern personifzierten Untugenden, und die Sünder gehen in halb grauenvollen, halb komischen Gestalten umher, z.B. die Gefräßigen mit riesigen Bäuchen usw. Die Strafen dieser satirischen Unterwelten sind allerdings immer noch abstoßend genug und stehen denen in der Visionsliteratur kaum nach[258]. An der Grenze bleiben jene Texte, wo die Hölle mit grimmigem Humor als Küche ausgemalt wird, die Sünder gekocht usw. serviert werden oder alles mögliche zu schlucken bekommen[259].

Noch bemerkenswerter erscheint, daß manche Literaten des Spätmittelalters die von ihnen ja nicht infrage gestellte christliche Hölle auch uminterpretieren konnten für ein profanes Thema: Es geht um die allegorischen Liebeshöllen der romanischen Dichtung, die, angeregt vom Schicksal des Paolo und der Francesca in der *Divina Commedia* mehr oder weniger berühmte Liebespaare in einer fiktiven Unterwelt vorführen. Dabei kann nicht nur von außen verhinderte, sondern auch eigensinnig nicht gewährte Liebe in die dort bereiteten Qualen führen – eine regelrechte Umkehrung des katholischen Keuschheitsideals. Der berühmte spanische Dichter de Santillana (1398–1458) beschrieb die Hölle der Verliebten (*Infierno de los enamorados*)[260], die die Schicksale verschiedener Paare in einer an Dante gemahnenden Unterwelt zeigt, noch um von irdischer Liebe abzuschrecken. Höhepunkt dieser Tradition ist aber vielleicht das Werk eines Dominikaners (!), Francesco Colonna (1433–1527), der in seinem Roman *Hypnerotomachia Poliphili* (*Der Liebestraumstreit des Vielbefreundeten*) einen antiken Friedhof mit einer gemalten Liebeshölle schildert. Diese war „eine ungeheuere, traurige und erschreckende Höhle, die in einer ganz unzugänglichen Steilwand und einem eisenfarbenen, zerklüfteten Felsen endete. Darin gab es eine Kluft, die eine zweiteilige Eisenbrücke, glühend bis zur Mitte und danach metallfrostig, überspannte." Die armen Seelen dort „stürzten scharenweise in den ewig erstarrten See unter der eisernen Brücke und gelangten zum eiskalten Ufer. Und die, die dem Absturz entgingen, sprangen auf die glühende Brücke", von einer Furie getrieben. Dies ist eine Version der in kaum einer religiösen Vision fehlenden Feuer- und Eisesstrafe, in der sich die Seelen stets nach dem anderen Qualort sehnen, je nach dem, ob sie brennen oder erstarren. Auch sonst gibt es die ganzen üblichen Höllenplätze, einen kochenden See, einen Eissee, einen Schwefelberg, Rauch usf. Ein Holzschnitt zu diesem Text in der Erstausgabe, ein Werk in der Nachfolge Mantegnas, zeigt die zweigeteilte Brücke, die als Verbindung eines fast kreisförmig angelegten Felspfades um einen Trichter dient, ein Nachklang der Jenseitstopographie Dantes. Hier werden nur ganz besondere Sünder gemartert: „Zu der sengenden Flamme waren jene Seelen verdammt, die sich selbst aus zu großer Liebe töteten, und in das starrende Eis waren jene getaucht, die sich gegenüber der Liebe als steif,

kalt und widerspenstig gezeigt hatten."[261] Wohl die Selbst-
mörder, aber keineswegs die Verächter irdischer Liebe, waren
Sünder gegen die katholische Religion, so daß hier ein deutlicher Einbruch weltlich-höfischen Gedankengutes in ein
aus der Tradition genommenes Höllenbild eingeschmolzen
ist.

Weltgericht und Auferstehung

Gelegentlich gab es zwar im hohen und späten Mittelalter Philosophen, die nach antiken Vorbildern über die
Ewigkeit der Welt spekulierten, für die meisten Christen
war deren baldiges Ende jedoch Gewißheit. In allen ge-
schichtstheologischen Schemata, ob sie nun auf Welt-
altern, Weltreichen, Gesetz und Gnade oder antiken Glie-
derungen aufbauen, ist die Welt alt geworden[262]. Die
Schedelsche Weltchronik schreibt am Schluß des sechsten Weltalters: „zu beschreibung mer geschichten oder
künftiger ding'sinn hernach ettlich pletter leer gelassen.“
Darauf folgen die nach der *Geheimen Offenbarung* formulierten Abschnitte über Antichrist, Tod und „Von dem
iungsten gericht vnnd ende der werlt“. Ein paar unbe-
druckte Blätter sollten also genügen, um noch alles histo-
risch Interessante einzutragen, ehe der Weltuntergang anbrechen würde[263].

Nach einem Wort Jesu könne niemand den Tag und die
Stunde der kosmischen Katastrophe kennen. Trotzdem gab
es immer wieder konkret auf die Gegenwart bezogene
apokalyptische Vorstellungen, speziell einen sozialreligiö-
sen Chiliasmus (oder Millenniarismus), d.h. die Erwartung,
ein tausendjähriges Friedensreich stehe unmittelbar bevor.
Diese auf die *Apokalypse* des Johannes aufbauende Idee
findet sich freilich vermehrt bei devianten Christen[264], die
Großkirche hat sie nicht angenommen. Unterirdisch blieb
jedoch die Erwartung einer Weltära des Friedens und Über-

flusses, die in schlaraffenlandähnlichen Farben geschildert wurde[265].

Hier ein Beispiel für einen hochmittelalterlichen Ketzer, der den Anbruch der Endzeit verkündete: Das Konzil von Reims 1148 verurteilte einen Mann, dem sein Name Anlaß für die Selbstidentifikation mit dem zum Gericht wiederkehrenden Christus geworden war: Der Wanderprediger Eon von Stella hatte die liturgische Formel „per eum, qui venturus est (durch ihn, der da kommen wird)" auf sich bezogen, da das lateinische Fürwort „eum" und sein Eigenname in altfranzösischer Aussprache gleichklangen: durch ihn, Eon, würde das Endgericht kommen, er selbst sei der Sohn Gottes. Als Würdezeichen wies er einen Y-förmigen Stab vor, mit dem er die Weltherrschaft zwischen sich und Gott verteilte: zeigten die beiden Enden nach oben, so gehörten zwei Drittel Gott, zeigten sie nach unten, dann ihm. Dieser wohl Geistesgestörte hatte in der Bretagne großen Zulauf gefunden, bei den Konzilsvätern fand er jedoch nur Spott. Eon wurde im Klosterkerker in Saint-Denis inhaftiert, was er nicht lange überlebte[266]. Für das späte Mittelalter seien die thüringischen Geißler von 1414/16 genannt, die lehrten, daß der Weltuntergang täglich bevorstehe, da Elias und Enoch bereits gestorben seien (die ja von Gott leiblich ins Paradies entrückt worden waren und erst in der Endzeit im Kampf gegen den Antichrist fallen würden)[267].

Immer wieder glaubten freilich auch orthodoxe Katholiken, der Antichrist[268] sei bereits auf Erden, glaubten es wirklich, wenn sie meistens auch keine konkreten Zahlenangaben wagten, da dies ja durch ein Bibelwort verboten war. Einige setzten sich jedoch über dieses Verbot hinweg: Der katalanische Arzt Arnald von Villanova († 1311) etwa berechnete das Auftreten des Gegenchrist auf 1365, was ihn fast den Kopf gekostet hätte, wäre Papst Bonifatius VIII. nicht so begeistert von seinen Heilkünsten und so desinteressiert am Thema gewesen, daß er ihn in Schutz nahm[269]. Es wurde diese Vorstellung auch besonders seit dem Investiturstreit im politischen Kampf andauernd eingesetzt, um einen Widersacher verteufeln zu können. Nicht nur die gegen Kaiser Friedrich II. wetternden Päpste, auch ein als Philosoph gefeierter Kardinal wie Nikolaus Cusanus z.B. bezeichnete seinen politischen Gegner, es war Herzog Sigismund von Tirol, als Antichrist[270]. Dieses dämonische Geschöpf, so glaubte man, würde Zahllose zum Abfall vom wahren Glauben und damit in Hölle bringen, die standhaften Christen aber blutig verfolgen.

Gelegentlich hörte man auch von einer Endschlacht, die unterschiedlich lokalisiert wurde, z.B. bei Köln oder auch bei Salzburg, eine Vorstellung, in welcher sich der germanische Ragnarökmythus und die orientalische Gog und Magog-Mythe der *Bibel* (Ez 38f.) verbanden. Besonders der Einbruch nichtchristlicher Völker wie 1241 der Tartaren und im 15. Jahrhundert der Türken gab Anlaß zu entsprechenden Spekulationen. Immer wieder führten ungewöhnliche Naturerscheinungen wie Kometen dazu, die Furcht vor dem Gericht zu aktivieren, in allen negativen Ereignissen konnte man Vorzeichen dafür erkennen. Aufgrund einiger Bibelstellen (Mt 24, Mk 13, Lk 21) hatte sich seit dem 10. Jahrhundert ein Kanon von Vorzeichen entwickelt, die auf das Anbrechen des Weltendes hindeuten sollten[271]. Meist werden fünfzehn erschreckende Ereignisse beschrieben, wie etwa das Verbrennen von Wasser und Meer, blutiger Tau auf den Pflanzen, das Auferstehen von Menschengebeinen (wie es z.B. die Melker Klausnerin Frau Ava im frühen 12. Jahrhundert dichterisch schilderte oder in der *Weltchronik* Hartmann Schedels Michael Wolgemut 1493 illustrierte[272]). Dargestellt wurden diese Vorzeichen des Weltendes aber – im Gegensatz zu diesem selbst – eher selten: z.B. auf Glasmalereien von A. Robin, 1452, in der Kathedrale von Angers.

Dichtungen, Predigten, Schauspiele stellten den Gläubigen des hohen und späten Mittelalters immer wieder ihr künftiges Schicksal vor Augen. Verglichen mit der viel reicheren bildkünstlerischen Überlieferung, verglichen auch mit anderen zentralen religiösen Themen wie der Marien- oder Passionsdichtung, ist es freilich nur ein dünner Strang eschatologischer Texte, der über jenen Tag des Gerichts reflektierte. Das *Dies irae* des Thomas von Celano (1. Hälfte 13. Jh.) ist bis heute bekannt, da es in so vielen vertonten Requiem-Messen vorkommt (Mozart, Verdi). Besonders präsent war das Thema im geistlichen Schauspiel. Die Antichristspiele des 12. Jahrhunderts lebten bis ins 16. Jahrhundert nach, haben sich aber nicht erhalten. Doch in ganz Europa nahm man im 14. und 15. Jahrhundert in oft tagelangen Aufführungen (z. B. Chur, Luzern) den Jüngsten Tag in ernstem Spiel vorweg[273].

Sowohl die Bildzeugnisse als auch noch viel expliziter die Texte zeigen ganz eindeutig, daß vorrangig nicht Himmelshoffnung, sondern Höllenangst mit dem Gerichtstag verknüpft war. Die Inschriften am Weltgerichtsportal in Autun[274] sind ein gutes Beispiel dafür. Die Zeile in der Mandorla, dem spitzovalen Lichtkranz um den riesengroßen Christus im Zentrum, lautet: „Alles ordne ich allein, und die Verdienten kröne ich. Diejenigen, die ein Verbrechen treibt, wird unter mir als Richter die Strafe beugen." Das Himmelsversprechen ist also um die Hälfte kürzer ausgedrückt, als die Höllendrohung. „Ein jeder, den nicht ruchloses Leben [hinab]zieht, wird so auferstehen, und es wird ihm ohne Ende das Tageslicht leuchten", liest man zur Rechten des Herrn. Die Chance, in den Himmel zu kommen, ist so formuliert, daß wieder ein Negativum angesprochen wird (nicht ein Positivum: z. B. „wenn man Gutes tut"): wenn man unfrommes Leben meidet, dann ... also wieder eine implizite Drohung. Dagegen

Höllenfahrt des Antichrist
(Holzschnitt, um 1470)

ist die Zeile, die die dämonenwimmelnden Strafszenen er-
läutert, ohne Element des Positiven, reine und explizite Ein-
schüchterung: „[das Bild] erschrecke hier mit Schrecken diejenigen, die ein irdischer Irrtum fesselt. Denn daß es so
wirklich geschehen wird, bezeichnet dieser Schrecken der
Darstellungen."

Ein Beispiel aus der geistlichen Dichtung bietet etwa die *Sorgensonne* (*Harmsól*) des Augustinerkanonikers Gamli (um 1200):

„Noch einmal wird der gnädige Fürst des Mond-Zeltes
    herniederkommen, die Menschheit zum Gericht zu
    versammeln.
Feuer wird rasen, das Meer wird toben. Alle Menschen
    werden aus den Gräbern kommen mit schrecklicher
    Angst.
Nicht einer der Menschen wird bei diesem Gericht
    schuldlos sein vor dem edlen Gott; denn selbst die
    Engel des herrlichen Herrn der Wettergefilde zittern
    da in Angst und Furcht. Mächtiges Entsetzen wird
    sich verbreiten."[275]

Dies nahm die Kanzelrede schon vorweg. Die Gerichtspredigt Bertholds von Regensburg zeigt exemplarisch, daß keine Spur von christlichen Tugenden wie Feindesliebe oder Verzeihung bleibt, wenn endlich die Möglichkeit der Vergeltung gegeben wird: am Jüngsten Tag werden die Märtyrer „viel zorniger und haßerfüller über jene richten, die die Heiligen auf Erden gerichtet haben. Dafür werden sich die Heiligen dann sehr haßerfüllt rächen. Da wird der gute Sankt Peter und der gute Sankt Paul viel haßerfüllter über den König Nero richten, als es dieser je über sie tat. Denn der richtete hier nur über den Leib, sie aber werden ihn einem viel gräulicheren und größeren Gericht unterwerfen, denn sie werden ihn verdammen an Leib und Seele. Ihnen hatte er nicht mehr als den Leib genommen – sie nehmen ihm Leib und Seele ..." Die Heiligen werden von Christus mit scharfen Schwertern ausgestattet, mit denen sie auf die Sünder losgehen. Sogar die kleinen Kinder unter den Himmlischen „führen alle ein Schwert in der Hand und müssen richten über ihren Vater und ihre Mutter und über alle ihre Verwandten. Mit denen haben sie nicht mehr Mitleid als mit einem ganz Fremden, weil sie nur Gott lieben." Wenn ein Himmelskind am Jüngsten Tag „den Vater und die Mutter verdammen soll, oder der Vater das Kind oder der Bruder die Schwester oder die Schwester den Bruder oder Verwandte einander, die empfinden ihre Zusammengehörigkeit nicht mehr, denn sie lieben den allmächtigen Gott so sehr, daß sie auch ihre Väter und Mütter nicht aus der Hölle befreien möchten, wenn sie dazu die Macht hätten. Das wollten sie nicht, denn sie wollen nichts anderes, als was Gott will."[276] Jesus hatte verlangt, Vater und Mutter seinetwegen zu verlassen; der Gott des Franziskaners verlangt, sie in die Hölle zu verdammen.

Die Grundhaltung, zu der diese Theologie gerade bei vielen wirklich religiösen Menschen führt, ist das Bewußtsein, eigentlich ohnehin schon verurteilt zu sein und nur durch einen außerordentlichen Gnadenakt Gottes gerettet werden zu können. Auch Menschen, die sich intensivst um ein mehr als normengerechtes christliches Leben bemühen, werden davon nicht verschont. Als Beispiel aus dem Hochmittelalter nenne ich den zu Unrecht meist nur als „Vater der Scholastik" bekannten hl. Kirchenlehrer Anselm von Canterbury († 1109). Er, der auch ein humaneres, fast schon mystisches Gottesbild kannte, schrieb in einer seiner Meditationen: „Es erschreckt mich mein Leben. Denn genau betrachtet erscheint mir fast mein ganzes Leben Sünde oder Unfruchtbarkeit ... Es ist entweder in der Sünde verdammenswert oder unfruchtbar und verachtenswert ... Um wie viel erträglicher stinkt eine verweste Hündin den Menschen als eine sündige Seele Gott ... Zu leben erröte ich, zu sterben fürchte ich. Was also bleibt dir, oh Sünder, als dein ganzes Leben während deines ganzen Lebens zu beweinen, auf daß es selbst ganz sich gänzlich beweine? ... Taube Seele, was tust du? Was bist du erstarrt, Sündenseele? Der Tag des Gerichtes kommt ... Oh trockenes und unbrauchbares Holz, wert für die ewigen Feuer, was wirst du an jenem Tage antworten, wenn von dir deine ganze dir zugemessene Lebenszeit Augenblick für Augenblick gefordert wird: wie hast du sie verbracht? Dann wird alles verdammt werden, was immer in dir an Tun oder Ruhn, Reden oder Schweigen zu finden sein wird bis auf den kleinsten Gedanken, auch daß du gelebt hast ohne Ausrichtung nach dem Willen Gottes. Wehe, wie viele Sünden werden dort unerwartet wie aus Schlupfwinkeln hervorbrechen, die du jetzt nicht siehst! Gewiß mehr und wohl schrecklichere als die, die du jetzt siehst. Wie viele, von denen du meinst, sie seien keine Übel, wie viele, von denen du jetzt glaubst, sie seien Gutes – dort werden sie entblößten Antlitzes als tiefschwarze Sünden erscheinen! ... Oh Bedrängnis! Hier werden die Sünden sein als Ankläger, dort die Gerechtigkeit voller Schrecken; unten klafft das schauderliche Chaos der Hölle, darüber der erzürnte Richter, innen brennt das Gewissen, außen verglüht die Welt ... Wer errettet aus den Händen Gottes?"[277]. Wer errettet aus den Händen Gottes, der auch die unbewußt vollbrachten Verfehlungen rächt (was in Jenseitsvisionen dann in die Praxis umgesetzt wird)? In der Tat endet dieser Text mit der flehentlichen Bitte an Jesus, sein Geschöpf nicht „in das ewige Verderben" hinabzustürzen. Aber: dieser Abschnitt, der Hoffnung birgt, wenn auch unsichere, umfaßt nur ein Sechstel der ganzen Meditation. Das erdrückende Übergewicht gehört dem Schrecken.

Nicht nur in der Meditation, auch im visionären Erleben gab es solche Szenen: Aus dem Ende des 12. Jahrhunderts kommt eine Traumvision der gelähmten Alpais von Cudot. Sie erlebte das Gericht mit, über den Wolken schwebend, nachdem sie auf einer Feuersäule in den Himmel aufgestiegen war. Da erblickte sie in der Ferne in einem sehr tiefen, dunklen Tal den aufschwellenden Erdball, als ob er gänzlich erneuert wäre und strahlend wie allerweißeste Kreide.

Die Jungfrau sah mitten im Firmament die Erde, die sich ihren Augen wie ein ganz niedriger Berg darbot und in ihrer Gänze betrachtet werden konnte. Und von diesem Berg stehen die Toten auf zum Endgericht.[278]

Öfter als das Endgericht selbst sahen im Spätmittelalter jedoch VisionärInnen den himmlischen Richter, der schon auf seinem Richtstuhl Platz genommen hat, um den Jüngsten Tag abzuhalten, den aber das Gebet einiger besonders Frommer noch zurückhält. Am bekanntesten wurde eine Visionslegende, die sich in der frühen Geschichtsschreibung des Dominikanerordens findet. Nach dem Chronisten des Lebens der ersten Predigerbrüder, Gerhard von Frachet (1195–1271), erzählte ein glaubwürdiger Gefährte des Franz von Assisi folgendes Gesicht: Als Dominikus 1215 in Rom weilte, „sah er in einer Vision, wie der Herr Jesus, in der Luft stehend, drei Lanzen gegen die Welt schwang". Die Madonna griff ein, indem sie ihm einen ihrer Getreuen vorstellt, der durch seine Predigt die Menschen wieder zum Herrn bekehren würde, und einen zweiten, der sich demselben Ziel widmen wollte: Franziskus und Dominikus, die beiden Gründer der Bettelorden. So schiebt Christus noch einmal den Tag seiner Rache auf[279]. Ähnliche Schauungen und Legenden wurden im späten Mittelalter vielfach in Wort und Bild verbreitet[280].

Für das Spätmittelalter stehe exemplarisch Hans Folz († 1513). Auch er gab ein einprägsames Bild vom eschatologischen Richter, in dem, wie auch in den sonstigen Darstellungen, die Komponente der Angst deutlich überwiegt, da er seine Sanftmut, die ihn während seines Erdenlebens auszeichnete, ganz in Grimm verwandelt hat:

„… so er sitzt in der Wolken Zunder
in brennendem Anblick wie die Glut
und eines gar schrecklichen Löwen Mut,

vor dem der himmlische Hof erschrickt,
daß der so grausam ist geschickt,
der hier ganz gleich einem Lämmlein war."[281]

Es muß noch angefügt werden, daß die Auferstehungsleiber die mittelalterlichen Theologen ganz besonders interessierten; nach christlicher Lehre werden ja am Jüngsten Tag die Seelen wieder mit den Leibern vereinigt. Himmel und Hölle mußten deshalb ganz konkrete, materielle Dimensionen besitzen – es war den maßgeblichen Gottesgelehrten der Zeit völlig ernst damit, daß das Höllenfeuer ein materielles Feuer sei, das Leib und Seele verbrenne. „Jene Hölle, die Feuer- und Schwefelsumpf genannt ist, wird ein körperliches Feuer sein und die Körper der Verdammten, sei es der Menschen oder der Dämonen, martern." So der einflußreichste Scholastiker des 12. Jahrhunderts, Petrus Lombardus[282].

In der Folge kam es zu den extravagantesten Spekulationen über die verklärten Leiber der Geretteten. Gelehrte Autoren warnten zwar sogar in volkssprachlichen Werken davor, sich die Auferstehung der Toten „grob substanzlich" vorzustellen; die glorifizierten Leiber sollten ganz anders werden als die jetzigen, nämlich strahlender als die Sonne. Aber das hinderte sie nicht, darüber Vermutungen anzustellen, welches Alter diese Leiber besitzen würden (meist mit 30 oder 33 angegeben, dem Sterbealter Christi) und wie sie aussehen sollten. Ein Thomas von Aquin verschmähte es nicht, sich Gedanken darüber zu machen, wie es um die Leiber derer stehen würde, die von Menschenfressern verzehrt worden waren (sie werden wieder ganz), ob Haare und Nägel mitauferstehen würden (sie werden), welche Größe sie erreichen würden (die am Ende ihres natürlichen Wachstums) u.ä.[283] Den Humanisten Lorenzo Valla (1405 –1457) brachte dies zum Entwurf einer ganz sinnlichen neuen Welt: „Unser ganzer Körper wird von einem süßen

Wohlbehagen erfüllt werden, ‚das bis ins Mark hinein erbeben läßt, so daß kein Liebesgenuß damit vergleichbar ist.'" Dann werden wir fehlerlos alle Sprachen der Welt beherrschen, alle Künste und Wissenschaften[284]. Noch Leibnitz sollte in seinen *Nouveaux Essais* (2, 21) ähnliche Konzeptionen verfolgen, und Emanuel Swedenborg (1688–1772), der große skandinavische Seher, gar von himmlischen Akademien, in denen Vorträge gehalten, himmlischen Hörsälen, in denen doziert, himmlischen Gelehrtenstuben, in denen Bücher geschrieben werden, träumen[285].

Freilich überlegte man sich auch, was für Folgen die Vereinigung von Leib und Seele für die Verworfenen haben werde. Der Novizenmeister Caesarius von Heisterbach machte das seinen Schülern mit folgender Schilderung aus dem Mund eines Teufels klar: Der Ort, an dem ein großer Sünder, der Graf Wilhelm von Jülich, bereits büßt, ist so gestaltet, daß, „wenn die Burgen Wolkenburg und Drachenfels samt ihren Bergen aus Eisen wären und dorthin gelangten, wo die Seele des Wilhelm ist, so würden sie zerschmelzen, ehe man auch nur mit dem Auge zwinkern kann. Doch das ist für ihn noch ein Milchbad, denn in der Zukunft, wenn der Körper seine Seele wiederbekommt, dann wird er erst seine richtige Strafe erhalten!"[286]

Wesentlich häufiger als Texte über das Jüngste Gericht entstanden im Mittelalter bildliche Darstellungen. Von Mt 25, 31–46 ausgehend, stellte das frühe Mittelalter das Weltgericht als Scheidung der Schafe und Böcke durch Jesus dar, wie etwa auf dem bekannten Mosaik in Ravenna, S. Appolinare Nuovo (um 520), zu sehen. Unter dem Einfluß der *Apokalypse* und von Apokryphen entwickelte sich das byzantinische Schema mit dem in der Mandorla Thronenden, von dem ein Feuerstrom zu den Sündern fließt. Es wurde mit vielen Einzelszenen ausgeweitet: Apostel, Auferstehende, Seelenwaage, Bücher des Lebens und des Todes,

Höllenstrafen. Schon um 800 tritt das Motiv in der Wand-malerei auf, erhalten in St. Johannes in Müstair. In der byzantinisch-italienischen Monumentalkunst wird es wand-füllend (Torcello, Basilika, 11. Jh.); noch Giotto orientiert sich an diesem Schema (Padua, Scrovegni-Kapelle, 1305).

Typisch für das hohe Mittelalter, in dem das Jüngste Ge-richt ein beherrschendes Thema der Bauplastik und Wand-malerei wird, ist eine Zentrierung auf den Richter, der z.B. im Endgerichtstympanon der Kathedrale von Autun (um 1130) die anderen Figuren um ein Vielfaches überragt. Der auf dem Regenbogen thronende und oft seine Wunden zeigende Sohn Gottes, Maria und Johannes d. T. inter-zedierend, Engel zum Gericht blasend und auf die Leidens-werkzeuge weisend, die aus ihren Gräbern auferstehenden Toten, links von Christus der Höllenrachen, rechts die Para-diesespforte, dazwischen der die Guten und Bösen schei-dende Michael mit seinen Engeln, das ist das Grundschema, das in der Gotik unzählige Male gestaltet wurde. Christus weist seine Wunden, Schwert und Lilie gehen aus seinem Munde. Regelmäßig findet sich das Endgericht so in der Bauplastik der Kathedralen, bei deren Weltgerichtsporta-len auch faktisch Gerichte tagten. Von dort wurde es auch in andere Kirchen übernommen (Eßlingen, Frauenkirche, 1330), häufig auch als Fresko innen am Triumphbogen (Markgröningen, Evangelische Stadtkirche, um 1475) oder an der Westwand (Wandgemälde von Schongauer, 1491, Breisacher Münster). Besonders im 15. Jh. ist das Gericht v. a. in den Niederlanden und Deutschland auch oft Thema von Altartafeln, wo es sich über und in einem einheitlichen Landschaftsraum abspielt (Meister v. St. Severin, 1488, Köln Wallraf-Richarz-Museum). Bilder vom Weltgericht hinter dem Hochaltar oder auf dessen Rückseite (Nördlingen, St. Georg, Kreuzaltar, 1462) wenden sich an die dort die Beichte ablegenden Gläubigen. Selbst Michelangelo (Vatikan,

*Gefesselte Verdammte und Höllenmartern beim Weltgericht
(spanische Buchmalerei, Paris, Bibliothèque Nationale,
N. A. lat. 2290, f. 160, 2. H. 12. Jh.)*

Sixtinische Kapelle, 1537/41) wiederholte im Prinzip den traditionellen Aufbau, integrierte aber in den von Menschengruppen gefüllten Luftraum Figuren der antiken Mythologie (Charon usw.). Alles in allem: Es dürfte im späten Mittelalter keine Kirche gegeben haben, in der das Weltgericht nicht an markanter Stelle den Gläubigen vorgeführt worden wäre.

Besonders eindrücklich war der Lebenszusammenhang dort, wo Darstellungen des Jüngsten Gerichts an den Rechtsorten vor oder in der Kirche angebracht waren. An der Nordpforte des Magdeburger Domes tagte das erzbischöfliche Gericht, darüber drohte ein Weltgerichtsportal; in der Paradiesesvorhalle des Münsterers Domes trat das bischöfliche Gericht unter der plastischen Darstellung des Weltenrichters zusammen. Der sog. Engelpfeiler und die Skulptur Salomons im Südquerhaus des Straßburger Münsters erinnerten Richter und Beteiligte, daß ihnen ein noch viel gewaltigeres Urteil gesprochen werden würde. In der Tat wurde in diesem Raum des Gotteshauses die bischöfliche Gerichtsbarkeit wahrgenommen. Zahlreiche Rathäuser des Spätmittelalters (z.B. Graz, Innsbruck, Nürnberg, Mecheln) wiesen Gerechtigkeitsbilder vor, auf denen das Endgericht über dem irdischen Gericht dargestellt war, am berühmtesten die für das Kölner Rathaus bestimmte Tafel Stephan Lochners (um 1435). Besonders gut erhalten ist das Ensemble der Gerichtslaube mit einer großen Darstellung des Jüngsten Tages im Lüneburger Rathaus[287]. So stand das Weltgericht Angeklagten wie Richtern als eindringliche Mahnung an die noch viel ernsteren Letzten Dinge vor Augen, wenn sie im Verfahren Rede zu stehen und Urteile zu finden hatten.

Schließen wir diesen Blick auf die leibliche Auferstehung am Ende der Zeiten mit einer Frage: Ist die Mitteltafel jenes weltberühmten Triptychons des Hieronymus Bosch im Madrider Prado, der *Garten der Lüste* (1503/04), solch ein sinnliches neues Paradies à la Valla? Hier erscheinen ja alle möglichen Spielarten der körperlichen Liebe dargestellt und ohne negativen Beigeschmack. Gehörte Bosch also in den Umkreis der Sekte vom Freien Geist, die sich durch völlige sexuelle Freizügigkeit auszeichnete?[288] Dagegen spricht, daß das Bild schon früh von katholischen Geistlichen als Warnung gegen Sünden wider das 6. Gebot verstanden wurde, wozu der Garten Eden zur linken und die Hölle zur Rechten gut passen würden. Andererseits: konnte ein rechtgläubiger katholischer Moralist um 1500 den Mittelteil (!) eines Triptychons im Format der Kirchenretabel (2,2 mal 1,95 m) mit solchen erotischen Darstellungen füllen? Bosch hat sein Werk so gut verschlüsselt und verfremdet, daß eine sichere Antwort bis heute unmöglich geblieben ist. Daß aber sein *Garten der Lüste* deutlich Elemente der mittelalterlichen Paradiesesschilderungen enthält, projiziert in ein Utopia, dürfte nicht zu bestreiten sein.

Deutungen

Warum war das Christentum des Mittelalters so fasziniert von den Letzten Dingen? Darauf kann man verschiedene Antworten erwägen.

Auf der psychologischen Ebene fungierten die Bilder von den Lohn- und Straforten zweifellos als Kompensationen für Situationen, die im Leben herzustellen unmöglich war. Was das irdische Dasein an Glück und Gerechtigkeit verweigerte, wurde in die andere Welt projiziert, genauso wie all jene Aggressionen, die hier auszuleben man keine Gelegenheit hatte. Man darf dabei freilich nicht übersehen, daß gerade die ekstatischen „Augenzeugenberichte" aus dem Jenseits für das vor einer ganz anderen „Medienlandschaft" stehende mittelalterliche Publikum auch durchaus unterhaltende Aspekte besaßen. Diese unterstützten ihre Wirksamkeit wesentlich. Ausgehend von der Prophezeiung des Jesaia (66,24) und von der Parabel von Lazarus und dem reichen Prasser (Lk 19,19ff.) erwartete man, Verdammte und Selige würden einander nach dem Tode sehen können. Bei den Sündern diente dies dazu, ihr Leiden noch zu vergrößern. Nachdem dagegen die Geretteten keinerlei Beunruhigung ihres Zustandes etwa durch Mitleid mehr kennen konnten, vermochte ihnen der Anblick der unterirdischen Folterszenen nur Vergnügen ob der Gerechtigkeit Gottes zu bereiten. Dies sagen Kommentare zu der genannten alttestamentlichen Stelle ausdrücklich[289]. So wurde es dem Volk auch gepredigt: „Wenn die Geretteten den großen Jammer an den Verdammten sehen, dann müssen sie sich

freuen und müssen Gott loben, daß er sie so recht gnaden-
reich mit seiner Barmherzigkeit vor der ewigen Marter be-
hütet hat. Denn wenn du Vater und Mutter, Bruder und
Schwester, Weib und Kind und alle deine Verwandten in
der bitteren Hölle brennen und braten siehst, sieden und
rösten – das stört dich nicht im geringsten"[290].

Dazu kommt die bekannte Freude des mittelalterlichen
Menschen an der Beobachtung öffentlichen Strafvollzugs.
So mochte der Rezipient dieser Texte sich beim Hören oder
Lesen auch in die Rolle der betrachtenden Seligen versetzen
und sich mit einem Schauder an der dargestellten Qual der
„untermenschlich" dargestellten Sünder amüsieren (Analo-
gien zur heutigen Film- und Videoproduktion sind evident).
Dazu konnten in solche Szenen natürlich auch die persön-
lichen Rache- und Haßphantasien hineinprojiziert werden,
– oft und oft wurde ja eine bestimmte Person genannt, die
da in der Hölle oder im Fegefeuer zu leiden hatte. Wenn
Friedrich Heer zum *Tundalus* treffend sagt, „Haß und
Selbsthaß mönchischer Naturen wider ihr eigenes Fleisch
und wider das Fleisch der ‚Weltkinder' spiegelt sich in diesen ungeheuerlichen Visionen"[291], so darf dies auf die Ver-
geltungsszenen der Offenbarungsliteratur generell bezogen
werden, unabhängig von der sozialen Herkunft der Charis-
matiker oder Aufzeichner. Es ist ausdrücklich festzustellen,
daß sich auch Seherinnen, bei denen sonst Erlebnisse mysti-
scher Christusminne dominieren, von Zeit zu Zeit in solchen sie selbst erschütternden Angst- und Haßphantasien
ergingen, wie etwa Mechthild von Magdeburg oder Francesca von Rom; Hildegard von Bingen und Birgitta von
Schweden schwelgten ohnehin in den furchbarsten Schilderungen der Jenseitsstrafen – wenn man ihre Originaltexte
liest, und nicht eine gefällig zusammengestellte Textaus-
wahl!

Soziologisch betrachtet, dienten die Jenseitsvorstellungen
denen, die an erster Stelle für ihre Verbreitung sorgten, als

172

Herrschafts- und Finanzierungsmittel. Der Pariser Bischof Wilhelm von Auvergne († 1249) gab offen zu, daß die von den Theologen formulierten Höllendrohungen dieselbe Funktion hatten, wie elterliche Drohungen mit Ungeheuern Kindern gegenüber: beide sollen Gehorsam erzeugen[292]. Es ist so vollkommen klar, daß die eschatologischen Ängste und Hoffnungen mittelalterlicher Menschen im Interesse der Herrschenden instrumentalisiert wurden. Wie ein Geistlicher einen Laien mit den auf einem Weltgerichtstympanon dargestellten Jenseitsstrafen in Schrecken zu versetzen versuchte, um ihn zu einem bestimmten Verhalten zu bringen, schilderte konkret etwa Adam von Eynsham in der Vita des hl. Hugo von Lincoln († 1200): Dieser Bischof führte König Johann Ohneland vor eine Darstellung des Höllenrachens und zeigte ihm die dort abgebildeten Könige, zu denen er auch gehören werde, sollte er sich nicht ändern![293]

Um das materielle Interesse der Geistlichkeit an der Verbreitung von religiöser Furcht und Hoffnung zu verstehen, genügt es, an den ungemein einträglichen Ablaßhandel zu erinnern, der ausschließlich auf Jenseitsängsten und -hoffnungen basierte. Diese Funktionalisierung einer Glaubensvorstellung haben schon Hus und andere kirchenkritische Denker jener Epoche bemerkt[294]. Das scheint auch zumindest im Spätmittelalter manchen Katholiken bewußt gewesen zu sein. „Würden die Priester nicht von der Hölle reden, würden sie verhungern", soll laut einem Prediger namens Meffret Volksmeinung im 14. Jahrhundert gewesen sein[295]. Ähnlich bemerkte – noch in seiner katholischen Zeit! – der dänische Humanist Christiern Pedersen († 1554), viele Menschen behaupteten, die Hölle sei bloß „Priester-Drohung und Greuel". Diese erklärt er zu Wahnwitzigen und Unvernünftigen. Und weiter: „Viele gibt es in diesen Jahren, die der Teufel so verblendet hat, daß sie sagen, die Hölle sei nur etwas, womit die Priester das Volk ängstigen und erschrecken wollen. Aber wenn sie selber dort hinunter kommen und die furchtbaren Teufel sie peinigen und ihre Zungen mit glühenden Eisenklauen für solche lose Worte aufschlitzen, dann werden sie schon sehen, ob es eine Hölle gibt oder nicht"[296]. Bei empfänglichen Gemütern war eine Konsequenz oft härteste Askese[297], die bis zum Tod führen konnte. Es sei daran erinnert, daß die Geißlerzüge von 1260 und 1348 als letzter Grund nicht nur Todes-, sondern auch Höllenangst motivierte. Beide versuchte man, durch blutige Selbstverletzung zu bannen. Darum heißt es in einem der Lieder, das die Flagellanten zu singen pflegten:

> „Fliehen wir die haissun helle!
> Lucifer ist bös geselle.
> Wen er behapt,   [behält]
> mit bech er lapt."[298]   [Pech; labt]

Daß diese Jenseitsängste und -hoffnungen durchaus konkrete Folgen hatten, wird einmal an den ungeheueren Spenden an Land und Schätzen und später Geldsummen deutlich, die Laien der Geistlichkeit und den Mönchen für Gebete und Messen für ihr Seelenheil und das Verstorbener zukommen ließen (das sog. Seelgerät). Dann weiter an den Selbstkasteiungen zahlloser Gläubiger. Aber auch an manchem noch drastischeren Einzelschicksal: 1223 stirbt der Abt Adam von Kendall aus Höllenfurcht an Adam-Stockes-Anfällen[299]; etwa zur gleichen Zeit berichtet Caesarius von Heisterbach von Selbstmord aus Jenseitsfurcht[300]. Angesichts der Unerbittlichkeit der richtenden Gottheit, die ihm eine Aufführung des *Eisenacher Zehnjungfrauen-Spiels* am 4. Mai 1321 vor Augen führte, wurde der Landgraf Friedrich der Freidige krank und verschied[301]. Einer der berühmtesten niederländischen Maler des 15. Jahrhunderts, der Konversbruder der Windesheimer Kongregation Hugo van der Goes, „zog sich eine seltsame außernatürliche

Krankheit zu, in der er unablässig sagte, er sei verdammt und zur ewigen Verdammung abgeurteilt, und in der er sich sogar selbst am Körper tödlich schädigen wollte, hätte ihn die Hilfe Anwesender nicht mit Gewalt abgehalten"[302]. 1482 starb er im Kloster. Der Hallenser Doktor Kraus beging, nach Luthers Zeugnis[303], 1527 Selbstmord, weil er den ihn vor seinem Vater verklagenden Christus so fürchtete. Schließlich predigte die Kirche ohne Unterlaß, daß die Zahl der Verworfenen die der Erwählten sehr weit übersteigen würde (s. oben S. 131 ff.). Ist nicht der Selbstmord aus den genannten Gründen eine Reaktion, die die Größe der Angst in jener Epoche unwidersprechlich verdeutlicht – denn die genannten Menschen wußten natürlich, daß sie dadurch noch unausweichlicher der Hölle verfallen waren:

„Sprichestu also ‚ich bin tot',
So wizze daz zu aller vrist:
Daz noch der tuvel lebendic ist."[304]

Das einzige Ziel ihrer Tat konnte es sein, die schreckliche Angst des Wartens auf den zuschlagenden Tod zu verkürzen.

Wenn man die Lehre von den Letzten Dingen aus dieser sozialgeschichtlichen Perspektive betrachtet, ist aber zu bedenken, daß – anders als die Aufklärer unterstellten – die allermeisten Vertreter des Klerus durchaus von der Richtigkeit ihrer Argumentationen überzeugt waren und sich bei ihnen das ehrliche Bewußtsein, Gutes zu tun, und die Sucht, sich zu bereichern und Macht auszuüben, untrennbar vermengten. Die Fälle, wo betrügerische Angsterzeugung in dem Sinne nachgewiesen werden kann, daß die Agierenden selbst nicht an die Sache glaubten, sind eher selten. Es ging den Seelenhirten wohl zumeist nicht nur darum, Angst zu verbreiten, um ihre Schafe zu beherrschen, oder Hoffnung zu erregen, um Wohlverhalten zu produzieren, sondern unterbewußt ebenso darum, auch sich selbst in Angst zu versetzen, bei sich selbst Hoffnung zu erzeugen, um die Normen der christlichen Lehre eher zu erfüllen, die sie als heilsnotwendig anerkannten.

Ausblick auf die Neuzeit

Die Reformation hielt weitgehend an der herkömmlichen Eschatologie fest; Luther selbst lehrte z.B., auch über die ewige Hölle und Verdammnis habe Gott in der *Schrift* die Wahrheit gesagt, und daran nicht zu glauben, heiße ihn Lügen strafen. Deshalb müssen wir „viel eher zu lassen, das alle menschen, engel unnd teuffel verloren werden, denn das Gott nicht sollt warhafftig seyn ynn seynen wortten."[305] Bibelkonform wurde auch in dieser Konfession die Ewigkeit von Himmel und Hölle sowie das Endgericht festgeschrieben (z.B. im *Augsburger Bekenntnis* c. 17). Doch mit einem ganz wesentlichen Unterschied: Das Fegefeuer hat Luther als katholische Lüge bezeichnet und verworfen (s. oben S.93).

Es bleibt eine noch zu klärende Frage der Mentalitätsgeschichte, wie ein und dieselbe Generation damit fertig wurde, den ersten Teil ihres Lebens über außerordentlich viel Zeit und Geld für den Totenkult investiert zu haben, und nach Annahme des reformierten Glaubens völlig mit dieser Tradition zu brechen, ja auch von den eigenen Kindern keine Hilfe im Jenseits mehr zu erwarten. Europa sollte in zwei Zonen gespalten werden, die durch ganz verschiedenes Verhalten den toten Vorfahren gegenüber gekennzeichnet waren. In einer glaubte man weiterhin an Fegefeuer, Totenerscheinungen und Purgatoriumsvisionen, zahlte für Seelenmessen, kaufte Ablässe und betete für die Armen Seelen. In der anderen verspottete man all das als Aberglauben und erwartete für die Toten nur entweder die ewige Hölle oder den ewigen Himmel.

Anscheinend gibt es nur wenige Zeugnisse dafür, daß es doch recht schwer fallen konnte, sich von dieser eschatologischen Vorstellung zu lösen. So z. B. in England die Forderung während der sog. Prayer-Book-Rebellion von 1549, die Priester mögen wieder für die Seelen im Purgatorium beten, „wie es die Vorväter taten"[306]. Die Fürsorge für die leidenden Seelen war schließlich in katholischer Zeit noch und noch eingeübt worden, war in der Pastoral beim vierten Gebot behandelt worden, weil sie als Pflicht den Eltern gegenüber galt[307].

Im Protestantismus trat mit dem Verschwinden der Fegefeuervorstellungen auch die Plastizität der sonstigen Jenseitsdarstellungen in Text und Bild generell zurück. In dieser Konfession war es leichter, weniger materiell-konkrete Auslegungen der einschlägigen Bibelstellen zu geben, da weder Konzilsbeschlüsse noch päpstliche Lehrentscheidungen die theologische Entwicklung fesselten. Dies jedenfalls in der offiziellen Religion oder Hochreligion. Im sog. Parallelglauben, jenen (früher als Aberglaube bezeichneten) Vorstellungen, die im Volk genauso lebendig waren wie die offiziellen, blieben manche Züge aus dem katholischen Mittelalter erhalten. Der Glaube an den Limbus puerorum z. B. lebte in reformierten Ländern sogar bis ins 19. Jahrhundert. Einige Varianten der norwegischen Volksballade *Draumkvaede* lassen den Jenseitswanderer erzählen: In Unterwelt, da kamen kleine Kinder, um meine Füße zu fesseln, da kamen kleine Kinder, um meine Finger zu fesseln. Oder: Ich bin über die Jenseitsbrücke gegangen, sie ist so schwer zu begehen, da kamen kleine Kinder hervor, und hingen sich an meinen Fuß. Ganz klar sind dies unerlöste, weil ungetaufte Seelen, die hoffen, so ihrem unterirdischen Gefängnis entkommen zu können. Auch die bretonische Legende vom jungen Schäfer, der Gott einen Brief bringen soll, kennt diese Motiv: Er kommt durch Dornenhecken zu einem Berg, von dem die kleinen Kinder immer wieder hinunterpurzeln.

„Nimm mich mit!" flehen sie. Der Junge versucht es vergeblich, kommt aber, so belastet, auch selbst nicht hinauf. Erst als er es allein versucht, gelingt der Aufstieg. Gott erklärt ihm dann: Dies waren die ungetauften Kinder[308].

Auch in den altgläubigen Ländern gab es in der Frühneuzeit eine Tendenz, eschatologische Themen mehr in spiritualisierter Weise zu behandeln, wiewohl deutlich schwächer[309]. Das Konzil von Trient verbot alle dogmatisch nicht gesicherten Aussagen. Im Zuge der Gegenreformation jedoch wurden von Predigern wie Abraham a Santa Clara oder Künstlern wie Peter Paul Rubens noch einmal alle Register der Vorfreude auf das und der Furcht vor dem Jenseits gezogen[310]. Das lateinische Jesuitentheater brachte sogar mittelalterliche Visionen auf die Bühne. Die genannte Jenseitsschau des Ritters Tundal kam 1622 und 1646 in Ingolstadt unter dem Titel *"Der wiederbelebte Ritter Tundalus aus Irland"* in drei Akten zur Aufführung. Als Verfasser gilt Georgius Bernardus. Vorgeführt werden das frevelhafte Treiben des Tundalus, seine gottlosen Reden und sein plötzlich, mitten im Gastmahl bei einem Freund eintretender (scheinbarer) Tod. Der gestorbene Tundalus wird von seinem Schutzengel in die Hölle geleitet und muß dort in einer Folge von Szenen die schrecklichsten Strafen der Sünder sehen. Dabei handelt es sich um je einen exemplarischen Säufer, Geizhals, Hoffärtigen, Unkeuschen, Neidhals, Mörder sowie – damals besonders aktuell – zwei Hexer. Wesentlich bekannter sind die Dramatisierungen der ritterlichen Unterweltfahrt im Fegefeuer des hl. Patrick. Berühmt wurden eine Lope de Vega zugeschriebene Comedia und eine sicher von Calderón verfaßte. In diesen Werken heißt der Ritter Luis Enius. Er hat nach Calderón jede Menge Sünden auf sich geladen, von denen das lateinische Original nichts weiß, so z.B. die Entführung einer Nonne, die Enius noch dazu überredet hatte, die Finanzen ihres Klosters mitgehen zu lassen und sich sogar der Prostitution hinzugeben. Calderón, der seinerseits auch das Drama Vegas kannte, bringt die Höllenszenerie jedoch nicht auf die Bühne, sondern nur einen allerdings recht schauerlich zu gestaltenden Höhleneingang. Dieser speit immerhin auch Flammen und läßt die Schreie der Armen Seelen hören. Auch Apokryphen, wie die Vision des Lazarus, fanden auf der Bühne des späten Mittelalters und der Renaissance Platz. Hierbei wurde Lazarus von Jesus aus dem Limbus herausgerufen und erzählte von den Peinen der anderen Welt[311]. Doch viel öfter waren die Unterwelten des barocken Theaters, der barocken Oper als fiktionale Orte bewußt, gebildet mit der klassischen Antike entnommenen Elementen. Gewiß stürzt Mozarts Don Giovanni noch in eine „wirkliche" Hölle, aber die Unterwelten in Glucks *Orpheus* und in der *Zauberflöte* sind nur mehr ästhetische Proben für Märchenhelden, keine unaussprechlich schreckliche Ewigkeit. Anders sah es freilich im Volksschauspiel aus, das oft in Kontinuität zu den mittelalterlichen Passions- und Osterspielen in ganz traditioneller Weise von Tod, Gericht und anderer Welt redete.

Daß das Paradies innerweltlich im anderen liegen könne, das hatte um 1200 schon Gottfried von Straßburg im *Tristan* beschrieben und wenig später das Singspiel *Aucassin et Nicolette*. Daß auch die Hölle die anderen sind, das hatte das Mittelalter so noch nicht gedacht. Im 17. Jahrhundert beschreibt Arcangela Tarabotti das Kloster realitätsgerecht als „Inferno monacale" für die zahlreichen unfreiwilligen Nonnen, im 18. Jahrhundert projiziert der Marquis de Sade in die ganz irdischen Orgien der Libertins jene Phantasien, die sich ein Dante noch in der anderen Welt vorstellte. Nicht mehr unmenschliche Teufel, sondern teuflische Menschen sind nun die Akteure. Die von Gott geschaffenen Höllen verblassen vor den von Menschen gemachten.

Auch im Rahmen der Kirchenausstattung traten die Gerichts- und Höllenbilder auffallend zurück. Ganz und gar dominierend wurde der Himmel, der das fast regelmäßige Thema der kirchlichen Deckenmalerei im 17. und 18. Jahrhundert darstellt. Nicht selten hat man in der barocken Bauplastik und Deckenmalerei den Eindruck von sich in ein heiteres Eschaton öffnenden Kulissen. Das Gewölbe wird aufgesprengt, und man kann schon jetzt von der Erde aus einen Blick auf die himmlischen Heerscharen, die Verherrlichung Mariens, der Eucharistie, des Kreuzes usw. werfen.

Trotzdem wurde das Reich Gottes mehr und mehr aus dem sichtbaren Himmel über uns in eine abstrakte Transzendenz verdrängt: Kopernikus hatte gezeigt, daß der Kosmos nicht die Erde und den Menschen als Mittelpunkt hatte, Giordano Bruno, daß Unendlichkeit, die bislang eine rein religiöse Größe gewesen war, eben dem Kosmos zukam. Sein Flammentod auf Grund des Urteils der Inquisition verzögerte die Durchsetzung des neuen Weltbildes nur, konnte sie aber nicht aufhalten. Zwischen den Sonnen und Planeten der Astronomen war genausowenig mehr ein Platz für ein himmlisches Paradies, wie zwischen den Gesteinslagen der Physiker für eine unterirdische Hölle. Mehr noch, der Himmel wurde zugänglich, wurde befahrbar: Seit den achtziger Jahren des 18. Jahrhunderts flogen Menschen in Fesselballonen durch die Lüfte. Das bisher Unnahbare war erforschbar geworden, und damit mußten Glaube und Wissen noch mehr auseinandertreten, mußte eine Umwertung erfolgen, durch die der ganze Komplex des bloß Geglaubten in der Lebenspraxis immer unwichtiger wurde. Gerade der Versuch, Naturwissenschaften und Religion zu vereinen, der im Barock auf allen Gebieten der Theologie unternommen wurde (sog. Physiko-Theologie), trug letztlich zum Rückgang konkreter Jenseitsbilder bei. Wenn z.B. der Jesuit Jeremias Drexelius († 1638) die Zahl der Verdammten mit 100 000 000 000 bestimmte, zusammengepfercht in einer Deutschen Quadratmeile, dann konnten solche Berechnungen beim Forschritt der Mathematik und Physik nicht stichhaltig bleiben. Ein Gleiches gilt von dem u. a. von dem Anglikaner Tobias Swinden 1714 unternommenen Versuch, die Hölle in die Sonne zu verlegen, da nur ihre Größe und Hitze für die verdammte Menschheit geeignet wäre, das Erdinnere dagegen viel zu klein[312].

Seit der Aufklärung sind die Eschatologica allsamt auch in der Lehrverkündigung der katholischen Kirche mehr und mehr zurückgetreten, und wo sie noch behandelt werden, tendieren sie zu größter Abstraktion. Man halte sich den krassen Gegensatz zu dem vor Augen, was dem Kirchenvolk im Mittelalter von der Kanzel gepredigt wurde, und dem, was etwa der Münchener Theologe Josef Finkenzeller 1987 in einem Sachbuch über die Dogmen schreibt: Der herkömmliche Fegefeuerbegriff sei mißverständlich, weil er den Läuterungsvorgang lokalisiere und das Feuer nicht symbolisch fasse. Purgatorium bedeute allein das liebeerfüllte Sehnen nach der Gottesschau – ohne Strafen. „Nur insofern dieses Hineinwachsen in die Liebe Gottes schmerzvoll ist, kann man von einem Leiden im Purgatorium sprechen."[313] Eine ganz gleichartige Auffassung hatte schon im 16. Jahrhundert der evangelische „Ketzer" Karlstadt vertreten! (S. oben S. 93).

Gewiß gibt es noch in der Volksfrömmigkeit und -überlieferung, aber auch in einem Teil des kirchlichen Lehramtes Stimmen, die die alten Vorstellungen und Devotionen wach halten möchten. Erinnert sei nur z.B. an die zahlreichen Darstellungen der Qualen der Armen Seelen aus dem Barock, bei denen nach wie vor für Seelenmessen gesammelt wird.

Auch haben etwa noch die Päpste Pius XII. und Paul VI. das Skapulier empfohlen, ein Teil des Habits der Karmeliter, das zu tragen den Gläubigen quasi automatisch die sofortige (oder am nächstmöglichen Samstag stattfindende) Befreiung aus dem Fegefeuer durch die Mutter Gottes garantiert[314] – ungeachtet der übereinstimmenden Erkenntnis

Arme Seelen
(Plastik, Gröbming, Steiermark, A. 18. Jh.)

auch der katholischen Kirchenhistoriker, daß diese angeblich auf eine Vision des hl. Simon Stock zurückgehende Verheißung rein legendär ist.

Doch ob die Hölle und das Fegefeuer „veralteter Glaubensartikel oder unverzichtbares Element im Gottesbild"[315] sind, kann nicht Thema eines Buches über die Vorstellungen von der andere Welt im Mittelalter sein. Zumal für die meisten Menschen heute ungleich wichtiger jene Jenseitswelten sind, die die Video- und Filmindustrie in ihren Phantasy-Produkten wiederaufleben läßt. Angesichts der Existenz ähnlicher Vorstellungen in so gut wie allen Religionen muß man wohl an die Archetypenlehre C. G. Jungs denken: Offenbar handelt es sich um seelische Grundkategorien, die sich in vergleichbaren Bildern ausdrücken. Sie scheinen auch für heutige Menschen – unabhängig von ihrer religiösen Einstellung – unverzichtbar zu sein, ersetzen doch die Lüste und Schrecken der Leinwand und des Bildschirms die alten Erzählungen und Bilder von Himmel und Paradies, Hölle und Fegefeuer, die Predigt, Visionsliteratur, Dichtung, Malerei und Plastik einst statisch vorführten. Aber für noch nicht von solchen Szenen im eigenen Heim via Bildschirm überschwemmte Betrachter gestalteten sich diese Erzählungen gewiß nicht weniger eindrucksvoll. Nein, sogar viel eindrucksvoller, da sie von den meisten Menschen der Zeit buchstäblich für real genommen wurden. Zwei Zitate aus dem beginnenden und aus dem endenden Mittelalter sollen dies abschließend nochmals verdeutlichen:

Als der gelehrte Benediktinermönch Beda 735 im Kloster Jarrow auf dem Sterbebett lag, dichtete er in seiner altenglischen Muttersprache folgende Meditation in Stabreimen:

„Vor seinem Hinscheiden wird niemand im Denken
weise genug, um sich nicht überlegen zu müssen –
vor seinem Heimgang –, was seiner Seele an Gutem
oder an Bösem nach dem Todestage zugemessen werde.

Fore there neidfaerae naenig uuiurthit
thonc snottura than him tharf sie
to ymbhycggannae aer his hiniogae
huaet his gastae godaes aeththa yflaes
aefter deothdaege doemid uueorthae."[316]

Und im 15. Jahrhundert hat François Villon diese eschatologischen Erwartungen, bezogen auf die Alltagsrealität der
Wirkung der bildenden Kunst, gut in seiner Ballade ausgedrückt, die er auf Bitten seiner Mutter als Gebet in ihrer
Sprache, dem Mittelfranzösischen, schrieb:

„Ich bin eine arme und alte Frau,
die nichts weiß und nicht lesen kann.
Im Münster, zu dessen Pfarre ich gehöre,
sehe ich das Paradies gemalt, wo Harfen und Lauten sind,
und eine Hölle, wo die Verdammten gekocht werden:
das eine macht mir Furcht, das andere Freude und
 Entzücken.

Femme je suis povrette et ancienne,
Qui riens ne sçai; oncques lettre ne lus.
Au moustier voy dont suis paroissienne
Paradis paint, ou sont harpes et lus,
Et ung enfer ou dampnez sont boullus:
L'ung me fait paour, l'autre joye et liesse."[317]

Anstelle eines Nachworts

ein kurzer Auszug aus einem frommen Singspiel, wie es in den sechziger Jahren des 19. Jahrhunderts mehrfach in Oberitalien aufgeführt wurde, betitelt *Darstellung des Weltendes und des großen allgemeinen Gerichts, das von unserem göttlichen Erlöser Jesus Christus abgehalten werden wird.*

Als der Urteilsspruch gefällt ist, wenden sich

„Die Verdammten an Jesus:
So viele Sandkörner es in der Meerestiefe gibt,
so viele Sterne der Himmel umfaßt –
so lange sei unsere Pein.
Dann laß' die Hölle zu Ende sein!

Jesus zu den Verdammten:
Jetzt ist jedes Paktieren umsonst,
denn unendliche Beleidigung wurde mir zugefügt.
Der Spruch werde vollzogen!
Hofft nicht, euch loskaufen zu können!

Die Verdammten zu Jesus:
Laß uns wenigstens die Hoffnung,
eines Tages herauskommen zu können.

Jesus zu den Verdammten:
Es gibt für euch keinen Tag und keine Stunde mehr,
es gibt für euch keine Zeit mehr.

[Vergeblich flehen die Verdammten nun Maria, Petrus, die Erwählten um Vermittlung an.]

Erwählte: Gerechte Gottheit!

Verdammte: Ungerechter Gott!

Erwählte: Gnädiger Gott!

Verdammte: Stolze Gottheit!

Erwählte: Milder König!

Verdammte: Grausamer Messias!

Erwählte: Heiliger Jesus!

Verdammte: Furchtbarer Christus, sei auf ewig verwünscht!

Erwählte: Auf ewig sei gepriesen!

Verdammte: Sei auf ewig verflucht!

Erwählte: Sei auf ewig gebenedeit!

Verdammte: Verwünscht sei ein Schöpfer, der so viel verwünschtes Unheil seinen Geschöpfen zugefügt! Verwünscht sei der Schöpfer!

Erwählte: Er sei auf ewig gepriesen!"[318]

Anmerkungen

1 Rudolf von Schlettstadt, Historiae memorabiles, ed. Klein-schmidt, E., Köln 1974, 72; vgl. ders., Geisterlieder mit Melo-dien um 1300: Zs. f. deutsches Altertum 102, 1973, 38 ff.

2 Dinzelbacher, Vision 143 ff.; Röhrich, L., Erzählungen des spä-ten Mittelalters und ihr Weiterleben in Literatur und Volks-dichtung bis zur Gegenwart I, Bern 1962, 124 ff.; Tubach (wie Anm. 132) nr. 1030, 3216, 3378; Karlinger, F., Das Zeitproblem bei der Jenseitsfahrt: Revista de Dialectologia y Tradiciones Populares 32, 1967, 217–224; Gatto, G., Le voyage au Paradis: Annales ESC 1979/5, 929–942.

3 Franz, A., Drei deutsche Minoritenprediger aus dem XIII. und XIV. Jahrhundert, Freiburg 1907, 139.

4 Von Gotes Zukunft 4596 ff., ed. Strobl 150.

5 Janssen, L., Nicolaas, de duivel en de doden, Baarn 1993, 225.

6 Dinzelbacher, Vision 119.

7 S. unten S. 155 ff.

8 Gylfaginning 7 f.: Golther, W., Germanische Mythologie, Leip-zig 1895, 517.

9 Tattersall, J., Sphere or Disc?: The Modern Language Review 76, 1981, 31–46.

10 KLNM 6, 559.

11 Paget, R. F., In the Footsteps of Orpheus, London 1967.

12 Dinzelbacher, P., Raum/Mittelalter: Ders., Mentalitätsgeschichte 604–615.

13 Jotsaldus, Vita Odilonis 2, 13: PL 142, 927B; Petrus Damiani, Vita Odilonis 10 f.: PL 144, 936 ff.

14 Hampe, K., Friedrich II. als Fragensteller: Kultur und Univer-salgeschichte, Festschrift W. Goetz, Leipzig 1927, 53 ff.

15 Dinzelbacher, Vision 94 ff.; Lecouteux, Geschichte 188–193; HDA 4, 400 f.

16 Owen 214 ff.

[17] Voluspá 44 = Gylfaginning 51: Lorenz, G., Snorri Sturluson, Gylfaginning, Darmstadt 1984, 594.

[18] Str. 43 ff.: Fidjestøl 66; übers. v. Lange 51.

[19] Einzelnachweise bei Dinzelbacher, Sterben/Tod.

[20] Beda Venerabilis, Historia ecclesiastica gentis Anglorum 2, 13.

[21] Zinnhobler, R., Der hl. Wolfgang, Linz 1975, 32.

[22] Les Pleurants dans l'Art du Moyen Age en Europe [Katalog], Dijon ²1971.

[23] Lecouteux, C., Les nains et les elfes au moyen âge, Paris 1988; Ders., Romanisch-germanische Kulturberührungen am Beispiel des Mahls der Feen: Mediaevistik 1, 1988, 87–99.

[24] Ellis.

[25] Gregor v. Tours, Historia Francorum 5, 14.

[26] Dinzelbacher, P., Die Realpräsenz der Heiligen in ihren Reliquiaren und Gräbern nach mittelalterlichen Quellen, in: Heiligenverehrung in Geschichte und Gegenwart, hg. v. Dinzelbacher, P. / Bauer, D., Ostfildern 1990, 115–174.

[27] The Grave: Altenglische Lyrik, hg. v. Breuer, R./Schöwerling, R., Stuttgart 1972, 80 f.

[28] Dinzelbacher, Angst 188 ff.

[29] Poèmes de la mort de Turold à Villon, hg. v. Paquette, J.-M., Paris 1979, Str. 25 (ebd. 84), vgl. 29 (ebd. 88); Str. 33 (ebd. 90).

[30] Bonvesin da la Riva, Libro delle tre scritture 1, 180 ff.: Bonvesin da la Riva, Volgari Scelti, hg. v. Diehl, P. S./Stefanini, R., New York 1987, 394.

[31] Chené-Williams, A., Vivre sa mort et mourir sa vie, l'art de mourir au XVe siècle: Sutto 169–182; Tihon.

[32] Delumeau, J., Angst im Abendland, Reinbek 1985, 113 f.

[33] Schmitt, Wiederkehr 167 ff.

[34] Die Lieder Oswalds von Wolkenstein, ed. Klein, K., Tübingen ²1975, nr. 1, 109 ff.; vgl. nr. 24.

[35] Dinzelbacher, Judastraditionen 46 ff.

[36] Timaios 81 D; Phaidros 246 A, 56 E; Phaidon 109 E.

[37] Adversus nationes 2, 33: CSEL 4, 75.

[38] Grimm, Mythologie I, 50; III, 417.

[39] Formal gehen in der christlichen Antike Apokryphen wie bes. die *Visio Pauli* voraus, desgleichen die Jenseitsgesichte in den Märtyrerakten, bes. in der *Passio Perpetuae*, vgl. Dinzelbacher, Visionsliteratur; Ders., Revelationes.

[40] Kampert 332 f.

[41] MGh SS rer. Merov. 5, 386f. (gekürzt).

[42] Dinzelbacher, Schwelle; Zaleski.

[43] The Vision of Edmund Leversedge, ed. Nijenhuis, W. F., Diss. Nijmegen 1990, 117.

[44] Dinzelbacher, Vision und Kunst.

[45] c. 99: Dinzelbacher, P./Vogeler, R. (Hgg.), Leben und Offenbarungen der Wiener Begine Agnes Blannbekin († 1315), Edition und Übersetzung, Göppingen 1994, 230ff.

[46] c. 129: ebd. 288ff.

[47] Dinzelbacher, P., Die Verbreitung der apokryphen 'Visio S. Pauli' im mittelalterlichen Europa: Mittellateinisches Jahrbuch 27, 1992, 77–90.

[48] Visio S. Pauli, ed. Brandes, H., Halle 1885, 86f.

[49] PL 172, 864.

[50] Hanska.

[51] LThK 9, 1964, 575f.

[52] De diligendo Deo 11, 30ff.

[53] vs. 24743ff., ed. Reissenberger, K., Dublin ²1967, 99.

[54] Gerwing, M., Malogranatum oder der dreifache Weg zur Vollkommenheit, München 1986, 205–215; Thomas, H., Franziskanische Geschichtsvision und europäische Bildentfaltung, Wiesbaden 1989, 74–101; Fournié 402–456.

[55] Schwob, U., Sorge um den „guten Tod" – Angst vor dem „jähen Tod": Wenninger, du guoter tôt 11–30, 20f.

[56] Kretzenbacher, L., Die Seelenwaage, Klagenfurt 1958; Banning, K., Michael Sjaelevejer: Kirkhistoriske samlingar 1971; Martens, M. u.a., Saint Michel et sa symbolique, Bruxelles 1979; Yarza, J., San Miguel y la balanza: ders., Formas artisticas de lo imaginario, Barcelona 1987, 119–155.

[57] Visio Thurkilli, ed. Schmidt, P. G., Leipzig 1978.

[58] Jezler 282f.

[59] Dinzelbacher, Jenseitsbrücke; Dinzelbacher, P., Il ponte come luogo sacro nella realtà e nell'immaginario: Boesch Gajano, S./Scaraffia, L. (Hgg.), Luoghi sacri e spazi della santità, Torino 1990, 51–60; ders./Kleinschmidt.

[60] Gregor von Tours, Historia Francorum 4, 33: MGh SS rer. Merov. 1, 169.

[61] Dinzelbacher, Ungedruckte.

[62] Das Folgende nach Dinzelbacher, Frauenmystik 123–135 (mit den Originaltexten).

[63] Chronik von Petershausen, c. 18: Feger, O. (Hg.), Schwäbische Chroniken der Stauferzeit III, 1956.

[64] Constable, G., Cluniac Studies, London 1980, VI, 106 f.

[65] Early English Text Society OS 298, 1991, 108 ff.

[66] Heck, Chr., L'échelle céleste dans l'art du moyen âge, Paris 1997, 87 f.

[67] Lehmann-Brockhaus, O., Abruzzen und Molise, München 1983, 395 f., T. 280 ff.; Baschet, Jugement 186 ff.

[68] Poetische Sprachschätze aus althochdeutscher Zeit, hg. v. Wipf, K. A., Bonn 1985, 318 ff.

[69] 54, 1 ff., ed. Lachmann, K. u. a., Berlin ¹³1965, 75 f.

[70] Bonaventura, Breviloquium 7, 7.

[71] Str. 69 ff.: Lange 54.

[72] Dinzelbacher, Klassen; ders., Reflexionen.

[73] Carmina Cantabrigensia 24, ed. Strecker, K., Berlin 1926, 65.

[74] Berthold von Regensburg, Vollständige Ausgabe seiner deutschen Predigten, hg. v. Pfeiffer, F., Wien 1880 = Berlin 1965, I, 220 ff.

[75] Tleven van Liedwy 33: Het leven van Liedewij, de maagd van Schiedam, ed. Jongen, L./Schotel, C., Schiedam 1989, 90.

[76] Fis Adamnáin 7 ff.: Boswell, C. S., An Irish Precursor of Dante, London 1908, 31 ff.

[77] Ad milites templi 3, 6 = Opera omnia, ed. Leclercq III, 219, 16 f.

[78] Godeschalcus und Visio Godeschalci, ed. Assmann, E., Neumünster 1979, 134 ff.

[79] Visio quam Ulricus sacerdos vidit, ed. Grabmeyer, J.: Mediaevistik 9, 1996, 189–227, 212 f.

[80] Dinzelbacher, Vision 115 ff.

[81] c. 191: wie Anm. 45, 398 ff.; c. 137: ebd. 306 ff.; c. 25: ebd. 98 ff.

[82] Lecouteux, Cl., L'allemand du moyen âge, Turnhout 1996, 168.

[83] KLNM 13, 115.

[84] Dinzelbacher, Bernhard 86 ff.

[85] Recueil de textes relatifs à l'histoire de l'architecture et à la condition des architectes en France au Moyen Age, p. p. Mortet, V./Deschamps, P., ND Paris 1995, 431 f.

[86] Williams, U./Williams-Krapp, W. (Hgg.), Die ‚Offenbarungen' der Katharina Tucher, Tübingen 1998, 69.

[87] vs. 669 ff.: Schottmann, B. (Hg.), Das Redentiner Osterspiel, Stuttgart 1975, 76.

[88] Edwards 88.

89 Durazzo, P., Il Paradiso terrestre nelle carte medievali, Mantova 1886 = 1980.

90 Die Jenseitsreise der Kölner Begine Petrissa, hg. v. Dinzelbacher, P. / Vogeler, R.: Mittellateinisches Jahrbuch 32, 1997, 77–104.

91 Graf 119 ff.

92 c. 136: wie Anm. 45, 304 ff.

93 Dinzelbacher, Visionsliteratur 38 ff.

94 Das Folgende nach Patch 157 ff.

95 Jensen, H. (Hg.), Eiríks saga vídhförla, Kopenhagen 1983.

96 The Travels of Sir John Mandeville, tr. Mosely, C., Harmondsworth 1983, 185.

97 Patch 173.

98 Tardiola 105 ff.

99 Tardiola 157 ff.

100 Über die Secte der Brüder vom freien Geiste, hg. v. Wattenbach, W.: Sitzungsberichte d. königlich preußischen Akademie der Wissenschaften zu Berlin 1887/2, 517–544, 519.

101 Schmidtke, D., Studien zur dingallegorischen Erbauungsliteratur des Spätmittelalters. Am Beispiel der Gartenallegorie, Tübingen 1982, 476.

102 De diversis 42.

103 LexMA 7, 1479.

104 LThK 7, 1998, 1364.

105 Cocchiara.

106 Tardiola 49.

107 Wie Anm. 127, 43 ff.

108 Patch 51.

109 LexMA 7, 1477 ff.

110 Das Folgende nach Dinzelbacher, Fegefeuer.

111 ERE 11, 838 a.

112 PL 182, 679.

113 DThC 11/2, 1385; 13/1, 1249.

114 Ombres, R., Latins and Greeks in Debate over Purgatory, 1230–1439: Journal of Ecclesiastical History 35, 1984, 1–14.

115 Härtel, H., Lollardische Lehrelemente im 14. und 15. Jahrhundert, Diss. Göttingen 1969, 160.

116 De Vooght, P., Le dialogue ‚De purgatorio' de Nicolas de Dresde: Recherches de théologie ancienne et médiévale 42, 1975, 132–223.

[117] Mayer.

[118] Le grant kalendrier et compost des Bergiers avecq leur Astrologie, etc. Faksimilie, Paris 1981, K lxxix.

[119] Koch, E., Fegfeuer: Theologische Realenzyklopädie 11, 1983, 69–78, 74.

[120] WA 30/2.

[121] WA 50, 205 f.

[122] Institutiones 3,5,6, ed. Benoit, J.-D., Paris 1960, III, 150.

[123] Jezler 311.

[124] Benz, R. (Übers.), Die Legenda aurea, Heidelberg, 8 1975, 842.

[125] Dialogus miraculorum 1,32; 12,38.

[126] Ed. Jonckbloet, W. J. A., Leiden, 1846, I, 165; vgl. Dinzelbacher, Jenseitsbrücke 119 ff.

[127] Fay, R. D. (Hg.), Sankt Brandan. Zwei frühneuhochdeutsche Prosafassungen, Stuttgart 1985, 41 f.

[128] Walter.

[129] Visio 7: MGh Qu. z. Geistesgesch. XIII, 67 ff.

[130] Mégier, E., Deux exemples de „prépurgatoire" chez les historiens: Cahiers de Civilisation médiévale 28, 1985, 45–62, 51 ff.

[131] Neilson, W., The Purgatory of Cruel Beauties: Romania 29, 1900, 85–93.

[132] Tubach, F. C., Index exemplorum (Folklore Fellows Communications 86/204), Helsinki 1969 nr. 1464 a; Röhrich, L., Dankbarer Toter: Enzyklopädie des Märchens 3, 1980, 306–322; ders., Religiöse Stoffe des Mittelalters im volkstümlichen Erzähl- und Liedgut der Gegenwart: Volksreligion im hohen und späten Mittelalter, hg. v. Dinzelbacher, P./Bauer, D., Paderborn 1990, 419–465, 425 f., 455–458.

[133] Das Folgende nach Dinzelbacher, Berichte.

[134] Haren, M./de Pontfarcy, Y., The Medieval Pilgrimage to St Patrick's Purgatory, Enniskillen 1988; Easting, R., St Patrick's Purgatory, Oxford 1991; de Wilde, P., Les pèlerinages au purgatoire de Saint Patrice en Irlande: Verbeke, W. u. a. (Hgg.), Serta devota in memoriam G. Lourdaux, Leuven 1995, 401–449.

[135] Castrichini, M. (Hg.), Dal purgatorio di S. Patrizio alla città celeste (Arte e restauro 1), Todi 1985; Tréinfhir, N. M., The Todi Fresco and St Patrick's Purgatory, Lough Derg: Clogher Record 12, 1986, 141–158.

[136] Hammerich, L. L. (Hg.), Visiones Georgii, København 1930.

[137] Originaltexte und Übersetzungen bei Dinzelbacher, verba.

194

138 c. 136: wie Anm. 45, 304 ff.

139 c. 227: ebd. 466 ff.

140 Malone, E. E., The Monk and the Martyr, Washington 1954 (Ergänzungen in: Studia anselmiana 38, 1956, 201–228).

141 Schulz, E., Das Bild des Tanzes in der christlichen Mystik, Diss. Marburg 1941.

142 Dinzelbacher, P., Die Wiener Minoriten im ausgehenden 13. Jahrhundert nach dem Urteil der zeitgenössischen Begine Agnes Blannbekin: Berg, D. (Hg.), Bettelorden und Stadt (Saxonia franciscana 1), Werl 1992, 181–191.

143 McGuire, P., The Cistercians and the rise of the exemplum in early thirteenth century France: Classica et Mediaevalia 34, 1983, 211–267, 251.

144 Staber, J., Ein altbayerischer Beichtspiegel des 15. Jahrhunderts (Cgm 632): Bayerisches Jahrbuch für Volkskunde 1963, 7–24, 9.

145 Hamlet 1, 5, übers. Schlegel-Tieck.

146 2, 8, ed. Neumann, H., München 1990, I, 46.

147 Bauer, Seelen.

148 de Ganay, M.-C., Les bienheureuses Dominicaines (1190–1577), Paris ³1924, 498.

149 Vita prior Lidwinae 10, 113: AASS Apr. 2, 1675, 294 BC; Tleven van Liedwy 27.

150 Ebd. 114 ff.

151 Ebd. 111: AASS Apr. 2, 1675, 293 F f.; Tleven van Liedwy 27.

152 Staber, Beichtspiegel (wie Anm. 144).

153 Matsuda, T., The Presence of Purgatory in Two Debates in BL MS Addit. 37049: Takamiya, T. (Hg.), Chaucer to Shakespeare, Woodbridge 1992, 99–110, 107.

154 HDA 5, 1566–1568.

155 Wie Anm. 74, I, 332.

156 Utz Tremp, K., Das Fegfeuer in Freiburg … 1430: Freiburger Geschichtsblätter 67, 1990, 7–30, 15.

157 Predigt 74, ed. Vetter, F., Berlin 1910, 399.

158 Jezler 289.

159 Dasein und Vision. Büger und Bauern um 1500 [Katalog], Berlin 1989, 40 ff.; Jezler 190 f.

160 Dinzelbacher, Ways Fig. 1; Ders., vie fig. 3 (jedoch seitenverkehrt!).

161 Pelaez, M. (Hg.), Visioni di s. Francesca Romana: Archivio della R. Società romana di storia patria 15, 1892, 251–273, 259;

vgl. die lateinische Fassung, hg. v. Bartolomei Romagnoli, A., Santa Francesa Romana, Vatikan 1994 sowie Dies., Santa Francesca Romana e l'immaginario del purgatorio: L'Ulivo. Pubblicazione trimestrale della Congregazione Benedettina di Monte Oliveto 15/2-3, 1985, 3-18; Dies., Santa Francesca Romana e l'aldilà della sofferenza: Benedictina 32/1, 1985, 223-253.

[162] Dinzelbacher/Kleinschmidt.

[163] Dinzelbacher, Kunst.

[164] Fournié.

[165] Le Roy Ladurie, E., Montaillou, village occitan de 1294 à 1324, Paris 1975, 592-611.

[166] Llompart, G., Aspectos populares del purgatorio medieval: Revista de Dialectologia y Tradiciones Populares 26, 1970, 253-274.

[167] Hogg, J. ed., An Illustrated Yorkshire Carthusian Religious Miscellany III, Salzburg 1981 (Analecta Cartusiana 95), 30; vgl. Ders., A Morbid Preoccupation with Mortality?: Analecta Cartusiana 117/2, 1986, 139-189.

[168] Owen 166.

[169] Herzog, M., „Descendit ad inferos". Strafleiden oder Unterweltkrieg?: Theologie und Philosophie 71, 1996, 334-369.

[170] Schmidt, G., The Iconography of the Mouth of Hell, Selisgrove 1995.

[171] DThC 9/1, 764.

[172] IV, 27 ff., 72: Meier, R. (Hg.), Das Innsbrucker Osterspiel – Das Osterspiel von Muri, Stuttgart 1963, 136 ff.

[173] vs. 497 ff. (wie Anm. 87) 58 ff.

[174] Visio Alberici 9: Dinzelbacher, Judastraditionen 53 ff.

[175] Moe 346-356; Coulton, Perdition; Weberberger; Lett.

[176] Aeneis 6, 426 ff. Ähnlich Plutarch, De genio Socratis 21, wo auch Tiere genannt sind.

[177] Schneemelcher, W. (Hg.), Neutestamentliche Apokryphen, Tübingen 5 1989, II, 571.

[178] Grimm, Mythologie III, 410.

[179] De anima et ejus origine 2, 12, 17: DThC 9/1, 763.

[180] Moralia 9, 21: DThC 9/1, 764.

[181] Summa Theologiae III, 69, 6; De malo 5, 3.

[182] Owen 186.

[183] DThC 6/2, 1853.

[184] 2, 13 ff., 11, 75 ff., 12, 12.

185 I, 299; II, 86; 228; vgl. Dinzelbacher, Messersäule.

186 Wie Anm. 248, 374.

187 Inferno 4, 28.

188 Franz, A., Die kirchlichen Benediktionen des Mittelalters, ND Graz 1960, II, 242 f.

189 Grimm, Mythologie III, 279; Lecouteux, C., Der Bilwiz. Überlegungen zu seiner Entstehungs- und Entwicklungsgeschichte: Euphorion 82, 1988, 238–250.

190 Jezler 190 f.; Baschet, justices 387; Stuart 341.

191 Vgl. die (unvollständige!) Bibliographie im DThC Tables Sp. 371 f.; 3000 ff.

192 Jezler 129 f.

193 Str. 53 f.: Fidjestøl 67; Lange 52.

194 Ebd. Str. 65 f.: Lange 54.

195 Der deutsche Lucidarius, ed. Gottschall, D. / Steer, G., Tübingen 1994, 7.

196 Edwards 92.

197 Summa Theologiae Suppl. 97, 7.

198 Schweitzer, F. J. (Hg.), Meister Eckhart und der Laie. Ein antihierarchischer Dialog des 14. Jahrhunderts aus den Niederlanden, Berlin 1997, 56.

199 Carmina Cantabrigensia 24, 2.

200 Wie Anm. 195, 7.

201 Tardiola 144 f.

202 Dinzelbacher, Judastraditionen 56 f.

203 KLNM 6, 433 ff.

204 Dinzelbacher, Vision 96 ff.

205 Wie Anm. 195, 10.

206 Wright 84.

207 Edwards 103.

208 Kanon 3: DThC 9/1, 763, übers. nach: Glaube und Wissen im Mittelalter. Die Kölner Dombibliothek, München 1998, 106 f.

209 c. 1: Denzinger 200.

210 Denzinger 215 f., nr. 464; 252 f., nr. 693. Es gab manche milder gesonnene Ausnahmen, die hier aber nicht die offizielle Lehre der Catholica vertraten.

211 Wie Anm. 195, 141.

212 Das Predigtbuch des Priesters Konrad, hg. v. Mertens, V., München 1971, 277 f., 164.

[213] DThC 9/1, 766.

[214] DThC 9/1, 1054.

[215] Stromata 6, 6.

[216] Caesarius, Libri miraculorum Anhang 31: Die Wundergeschichten des Caesarius von Heisterbach III, ed. Hilka, A., Bonn 1937, 153.

[217] Kretzenbacher.

[218] Liber specialis gratiae 5, 16; vgl. Dinzelbacher, Vision 196f.

[219] Wie Anm. 198, 129f.

[220] Godts, F. X., De paucitate salvandorum quid docuerint sancti, Roulers ²1899.

[221] Testament des Abraham 9: Rießler 1099.

[222] Seeberg, R., Lehrbuch der Dogmengeschichte, ND Darmstadt 1953, II, 540ff. (Zitate: 542 Anm. 1); DThC 12/1, 400; Vorgrimler 118f.

[223] I, q. 23, resp. ad 3 in fine.

[224] Wie Anm. 74, I, 382; 80.

[225] Coulton, Centuries I, 445ff.; II, 665.

[226] PL 172, 1115.

[227] Wie Anm. 74, II, 203.

[228] Coulton, G. G., Life in the Middle Ages, ND Cambridge 1967, I, 230f.

[229] Cordero, F., Savonarola, voce calamitosa 1452–1494, I, Bari 1986, 157ff.

[230] Stammler, W. (Hg.), Gottsuchende Seelen, München 1948, 78f.

[231] De spectaculis 30: Sources chrétiennes 332, 320ff. gekürzt.

[232] Wie Anm. 57.

[233] Rießler 350–354.

[234] Dinzelbacher, P. (Hg.), Tier und Mensch in der Geschichte, Stuttgart 1999.

[235] Wie Anm. 68.

[236] Peter of Cornwall, The Visions of Ailsi and his sons, ed. Easting, R./Sharpe, R.: Mediaevistik 1, 1988, 207–262, 231f.

[237] Heer 74.

[238] Super Cantica 16, 5, 7: ed. Leclercq I, 93, 22ff.

[239] Dinzelbacher, Judastraditionen.

[240] Exordium magnum 2, 5.

[241] Stephanus de Borbone, De diversis materiis praedicabilibus 1, 20, ed. Lecoy 28.

[242] Ep. 10: MGh ep. merov. et carol. 1, 252ff.

243 Walter von Châtillon, Das Lied von Alexander d. Gr. 10, 58ff., 109ff., übers. Streckenbach, G., Heidelberg 1990, 174ff.

244 Guiance, discursos 214ff.

245 Brinker, Cl. u.a. (Hgg.), Contemplata aliis tradere, Bern 1995, 91f.

246 Owen 183ff.

247 Tax, P. W., Die große Himmelsschau Mechthilds von Magdeburg und ihre Höllenvision: Zs. für deutsches Altertum und deutsche Literatur 108, 1979, 112–137.

248 Ed. Pelaz, M., Visioni di s. Francesca Romana: Archivio della R. Società romana di storia patria 14, 1891, 365–409.

249 Dinzelbacher, Visionsliteratur 216ff.

250 Pelaez (wie Anm. 248) 379.

251 Kretzenbacher, L., Geheiligtes Recht, Wien 1988, 198–216.

252 Dinzelbacher, Ungedruckte 159f. Vgl. Seuse, Horologium Sapientiae 1, 10.

253 vs. 26037 (wie Anm. 53).

254 3, 5f.

255 Dazu zuletzt Baschet, justices 135ff.

256 Sladeczek, F.-J., Erhart Küng, Bildhauer und Baumeister am Münster zu Bern, Bern 1990, Abb. 69ff.

257 Beliebiges Beispiel: Rückseite des Altarretabels in der Pfarrkirche Gampern, Oberösterreich, A. 16. Jh.

258 Owen 158ff.

259 Stuart 337.

260 Obras completas, ed. Gómez Moreno, A./Kerkhof, M., 1988.

261 Ed. Pozzi, G./Ciapponi, L., Padova 1964, I, 242ff.

262 Dean, J., The World Grown Old in Later Medieval Literature, Cambridge MA 1997.

263 f. cclvii v, cclxi v.

264 Segl, P., Geschichtsdenken und Geschichtsbewußtsein hochmittelalterlicher Ketzergruppen: Goetz, H.-W. (Hg.), Hochmittelalterliches Geschichtsbewußtsein im Spiegel nichthistoriographischer Quellen, Berlin 1998, 131–142.

265 ERE 5, 388 a.

266 Dinzelbacher, Bernhard 314f.

267 Neun Texte zur Geschichte der religiösen Aufklärung in Deutschland während des 14. und 15. Jh.s, hg. v. Reifferscheid, A., Greifswald 1905, 35.

268 Emmerson; Guadalajara Medina.

269 Gerwing, M., Vom Ende der Zeit. Der Traktat des Arnald von Villanova über die Ankunft des Antichrist in der akademischen Auseinandersetzung zu Beginn des 14. Jahrhunderts, Münster 1996.

270 Baum, W., Nikolaus Cusanus in Tirol, Bozen 1983, 126.

271 VL 2. Aufl. 2, 1013–1020

272 Das jüngste Gericht 9ff.; Schedelsche Weltchronik cclxi r.

273 Kettler, W., Das Jüngste Gericht. Philologische Studien zu den Eschatologie-Vorstellungen in den alt- und frühmittelhochdeutschen Denkmälern, Berlin 1977.

274 Übersetzt nach dem lateinischen Text bei Bußmann, K., Burgund, Köln 1977, 141ff.

275 Lange 34.

276 Wie Anm. 74, I, 182, 186, 188.

277 Meditatio 20: Obras completas de San Anselmo II, ed. Schmidt, P. / Alameda, J., Madrid 1953, 414–420.

278 Vita 2, 6, ed. Blanchon, P., Vie de la Bienheureuse Alpais, Marly-le-Roy 1893, 119f. = Leben und Visionen der Alpais von Cudot (1150–1211), hg. v. Stein, E., Tübingen 1995. Ähnlich Vita, Append. 2: Blanchon 210.

279 Vitae Fratrum O.P. 1, 4: Monumenta Ordinis Fratrum Praedicatorum 1, 1897, 10f.

280 Dinzelbacher, Angst.

281 Lyrik des späten Mittelalters, hg. v. Maschek, H., Leipzig 1939 = Darmstadt 1971, 294.

282 Sententiae 4, 44, 6.

283 DThC 13/2, 2560, 2566; Bautz, Lehre.

284 Lang, B., Ewiges Glück im Jenseits: Möbius 15–31.

285 Benz, E., Die Vision, Stuttgart 1969, 157.

286 Dialogus miraculorum 12, 5, ed. Strange, J., Köln 1851, II, 318.

287 Pleister, W. / Schild, W. (Hgg.), Recht und Gerechtigkeit im Spiegel der europäischen Kunst, Köln 1988; Schild, W., Die Geschichte der Gerichtsbarkeit, Hamburg 1997, 26ff.

288 Hammer-Tugendhat, D., Hieronymus Bosch, München 1981; Fraenger, W., Hieronymus Bosch, Dresden ⁵1983.

289 Gardner, T. C., The Theater of Hell, Diss. Berkeley 1976, 12f.

290 Grieshaber, F. K. (Hg.), Deutsche Predigten des XIII. Jahrhunderts, Stuttgart 1844, 41.

291 Abschied 98.

292 Baschet, justices 580 Anm. 149.

293 Ebd. 574.
294 Delumeau, J., Le péché et la peur. La culpabilisation en Occident, Paris 1983, 100.
295 Coulton, Centuries I, 73.
296 Nyborg, E., Fanden på vaeggen, s.l. 1978, 46, 7.
297 Dinzelbacher, P., Askese: Die Ketzer, hg. v. Holl, A., Hamburg 1994, 356–363; Ders., La violencia en la Edad Media. Reflexiones desde la perspectiva de la historia de las mentalidades: Temas medievales 5, 1995, 141–162.
298 Buchmann, B. M., Daz jemant singet oder sait ... Das volkstümliche Lied als Quelle zur Mentalitätengeschichte des Mittelalters, Frankfurt 1995, 100.
299 Dinzelbacher, Visionsliteratur 136 ff.
300 Dialogus Miraculorum, ed. Strange, J., Köln 1851, I, 210.
301 VL 4, 1. Aufl. 1953, 1136.
302 Zit. Sander, J., Hugo van der Goes, Mainz 1992, 17. Vgl. dazu Birnbaum, K., Zur Psychiatrie des späten Mittelalters: Deutsche Medizinische Wochenschrift 25, 1927, 1058 f.
303 WA 40/1, 320.
304 Väterbuch 13626 ff. (wie Anm. 53).
305 WA 10/2, 322.
306 Keiser, G., The progress of purgatory. Visions of the afterlife in later Middle English literature: Analecta Cartusiana 117/3, 1987, 72–100, 72.
307 Assion, P., Von den abgeschiedenen Seelen. Kirchenlehre und Volksglaube in der spätmittelalterlichen Fegefeuer- und Geisterliteratur: Gottzman, C./Kolb, H. (Hgg.), Geist und Zeit, Festschrift R. Wisniewski, Frankfurt 1991, 255–275, 261.
308 Moe 346 ff.
309 Creasy.
310 Vgl. z.B. Göttler, Chr., Die Kunst des Fegefeuers nach der Reformation, Mainz 1996.
311 Dinzelbacher, Von der Welt.
312 Walker 39.
313 Purgatorium: Beinert, W. (Hg.), Lexikon der Dogmen, Freiburg, 1987, 429 f.
314 Saggi, L., Scapulaire: DS 15, 1989, 390–396; Holböck 55 f.
315 Sartory, Th. u. G., In der Hölle brennt kein Feuer, München 1968; Jüngling, E., Die Hölle – veralteter Glaubensartikel oder unverzichtbares Element im Gottesbild?, Frankfurt 1997.

[316] Schmuki, K. u. a., Cimelia Sangallensia, St. Gallen 1998, 84 (leicht geändert).

[317] F. Villon, Sämtliche Dichtungen, hg. v. Bulst, M. L., Heidelberg 1972, 90.

[318] Bruno/Alberione, Inferno 55 f.

Abkürzungen

AASS   = Acta Sanctorum, Antwerpen bzw. Paris (Erschei-
          nungsort und Auflage je nach Erscheinungs-
          datum)
CSEL   = Corpus Scriptorum Ecclesiasticorum Latinorum,
          Wien
DS   = Dictionnaire de spiritualité ascétique et mystique,
          Paris
DThC   = Dictionnaire de théologie catholique, Paris
ERE   = Encyclopaedia of Religion and Ethics, ed.
          Hastings, J., Edinburgh
HDA   = Handwörterbuch des deutschen Aberglaubens,
          Berlin
KLNM   = Kulturhistorisk Leksikon for Nordisk Medelalder,
          København
LexMA   = Lexikon des Mittelalters, München
LThK   = Lexikon für Theologie und Kirche, Freiburg
          (Auflage je nach Erscheinungsdatum)
MGh   = Monumenta Germaniae historica, Hannover etc.
ND   = Neudruck
PL   = Patrologiae cursus completus, series latina, ed.
          J.-P. Migne, Paris
VL   = Die deutsche Literatur des Mittelalters, Verfasser-
          lexikon, Berlin
WA   = Luther, Werke, Weimarer Ausgabe
Zs.   = Zeitschrift

Literaturverzeichnis

Diese Bibliographie enthält die mehrfach zitierten Darstellungen und weiterführende Publikationen. Studien zu Einzelthemen und Quellennachweise finden sich in den Anmerkungen.

Aimone, P., Il Purgatorio nella decretistica: Landau, P. / Mueller, J. (Hgg.), Proceedings of the Ninth International Congress of Medieval Canon Law, Città del Vaticano 1997, 997–1009

Alexandre-Bidon, D./Treffort, C. (Hgg.), A Réveiller les morts. La mort au quotidien dans l'Occident médiéval, Lyon 1993

Atzberger, L., Geschichte der christlichen Eschatologie, Freiburg 1896

Auffarth, Chr., Mittelalterliche Eschatologie, Göttingen 1999

Baschet, J., Jugement de l'âme, Jugement dernier: Revue Mabillon 67, 1995, 159–204

Baschet, J., Les justices de l'au-delà, Les représentations de l'enfer en France et en Italie (XIIe–XVe s.), Rome 1993

Bauer, E., Die Armen Seelen- und Fegefeuervorstellungen der altdeutschen Mystik, Diss. Würzburg 1960

Bautz, J., Das Fegfeuer im Anschluß an die Scholastik, mit Bezugnahme auf Mystik und Aszetik dargestellt, Mainz 1883

Bautz, J., Der Himmel, Mainz 1881

Bautz, J., Die Hölle, Mainz ²1905

Bautz, J., Die Lehre vom Auferstehungsleib, Mainz 1877

Bautz, J., Weltgericht und Weltende, Mainz 1886

Becker, E. J., A Contribution to the Comparative Study of the Medieval Visions of Heaven and Hell, Baltimore 1899

Beijer, A., Visions célestes et infernales dans le Théatre du Moyen-Age et de la Renaissance: Jacquot, J. (Hg.), Les Fêtes de la Renaissance I, Paris 1956, 495ff.

Bernstein, A. E., The Formation of Hell. Death and Retribution in the Ancient and Early Christian Worlds, Ithaca 1993

Boase, T. R. S., Death in the Middle Ages, London 1972

Borges, J. L. / Casares, B., Das Buch von Himmel und Hölle, Stuttgart 1983

Braun, H.-J., Das Jenseits, Zürich 1996

Bynum, C. W., The Resurrection of the Body, New York 1995

Bruno, E./Alberione, E., Inferno/Purgatorio/Paradiso, Milano 1996

Camporesi, P., La Casa dell'Eternità, Milano 1987 (The fear of hell, University Park 1991)

Carozzi, C., Le voyage de l'âme dans l'au-delà d'après la littérature latine (Ve-XIIIe s.), Rome 1994

Carozzi, C., Weltuntergang und Seelenheil. Apokalyptische Visionen im Mittelalter, Frankfurt 1996

Cavendish, R., Visions of Heaven and Hell, London 1977

Christe, Y. (Hg.), De l'art comme mystagogie. Iconographie du Jugement dernier et des fins dernières à l'époque gothique, Poitiers 1996

Cieli e terre nei secoli XI–XII (Miscellanea del Centro di studi medioevali 15), Milano 1998

Cocchiara, G., Il paese di Cuccagna, Torino 1983

Coulton, G. G., Five Centuries of Religion, Cambridge 1923–50

Coulton, G. G., Infant Perdition in the Middle Ages, London 1922

Creasy, W. C., The Shifting Landscape of Hell: Comitatus 11, 1980, 40–65

D'Ancona, A., Scritti danteschi, Firenze s. a. (1913), 3–108

Davidson, C. (Hg.), The Iconography of Heaven, Kalamazoo MI 1994

Davidson, C./Seiler, Th. (Hgg.), The Iconography of Hell, Kalamazoo MI 1992

Denzinger, H. (Hg.), Enchiridion Symbolorum, Freiburg [26]1946

Dinzelbacher, P. (Hg.), Europäische Mentalitätsgeschichte, Stuttgart 1993

Dinzelbacher, P. (Hg.), Sachwörterbuch der Mediävistik, Stuttgart 1992

Dinzelbacher, P. (Hg.), Ungedruckte frühneuhochdeutsche Jenseitsvisionen aus der Handschrift MI 476 der Universitätsbibliothek Salzburg, in: Ir sult sprechen willekommen, Festschrift f. H. Birkhan, hg. v. Tuczay, Chr. u. a., Bern 1998, 157–164

Dinzelbacher, P. (Hg.), Wörterbuch der Mystik, Stuttgart [2]1998

Dinzelbacher, P., „verba haec tam mistica ex ore tam ydiote glebonis". Selbstaussagen des Volkes über seinen Glauben, unter besonderer Berücksichtigung der Offenbarungsliteratur und der Vision Gottschalks: Dinzelbacher, P. / Bauer, D. (Hgg.), Volksreligion im hohen und späten Mittelalter, Paderborn 1990, 57–99

Dinzelbacher, P., An der Schwelle zum Jenseits. Sterbevisionen im interkulturellen Vergleich, Freiburg i. Br. 1989

Dinzelbacher, P., Angst im Mittelalter. Teufels-, Todes- und Gotteserfahrung: Mentalitätsgeschichte und Ikonographie, Paderborn 1996

Dinzelbacher, P., Bäuerliche Berichte über das Leben in der anderen Welt: Wenninger, M. J. (Hg.), du guoter tôt. Sterben im Mittelalter. Ideal und Realität, Klagenfurt 1998, 255–271

Dinzelbacher, P., Bernhard von Clairvaux, Darmstadt 1998

Dinzelbacher, P., Christliche Mystik im Abendland. Ihre Geschichte von den Anfängen bis zum Ende des Mittelalters, Paderborn 1994

Dinzelbacher, P., Das Fegefeuer in der mittelalterlichen Schrift- und Bild-Katechese: Studi medievali 3a serie 38, 1997, 1–66, Tav. I–VIII

Dinzelbacher, P., Der Anteil der keltischen Phantasie an den mittelalterlichen Jenseitsvorstellungen: Müller, U. (Hg.), Irisch-keltische Mystik nördlich der Alpen, Salzburg 1989, 19–31

Dinzelbacher, P., Der Himmelsaufstieg nach Bildern und Texten des Mittelalters: Möbius, Himmel 78–97

Dinzelbacher, P., Die Jenseitsbrücke im Mittelalter, Diss. Wien 1973

Dinzelbacher, P., Die Messersäule: Bayerisches Jb. f. Volkskunde 1980/81, 41–54

Dinzelbacher, P., Die Präsenz des Todes in der spätmittelalterlichen Mentalität: Kolmer, L. (Hg.), Der Tod des Mächtigen, Paderborn 1997, 27–58

Dinzelbacher, P., Ekstatischer Flug und visionäre Weltschau im Mittelalter: Bauer, D. R. / Behringer, W. (Hgg.), Fliegen und Schweben, München 1997, 111–145

Dinzelbacher, P., Handbuch der Religionsgeschichte im deutschsprachigen Raum II. Hoch- und Spätmittelalter, Paderborn 1999

Dinzelbacher, P., Heilige oder Hexen? Schicksale auffälliger Frauen in Mittelalter und Frühneuzeit, Zürich 1995

Dinzelbacher, P., Il corpo nelle visioni dell'aldilà, in: I discorsi dei corpi (Micrologus 1), Turnhout 1993, 301–326

Dinzelbacher, P., Jenseitsvisionen – Jenseitsreisen: Mertens, V./ Müller, U. (Hgg.), Epische Stoffe des Mittelalters, Stuttgart 1984, 61–80

Dinzelbacher, P., Jenseitsvisionen: Enzyklopädie des Märchens 7, 1993, Sp. 533–546

Dinzelbacher, P., Judastraditionen, Wien 1977

Dinzelbacher, P., Klassen und Hierarchien im Jenseits: Miscellanea Mediaevalia 12, 1979, 20–40

Dinzelbacher, P., Le vie per l'Aldilà nelle credenze popolari e nella concezione erudita del Medioevo: Quaderni medievali 23, 1987, 6–35

Dinzelbacher, P., Mittelalterliche Frauenmystik, Paderborn 1993

Dinzelbacher, P., Mittelalterliche Visionsliteratur, Darmstadt 1989

Dinzelbacher, P., Monster und Dämonen am Kirchenbau: Müller, U./Wunderlich, W. (Hgg.), Dämonen, Monster, Fabelwesen (Mittelalter Mythen 2), St. Gallen 1998, 103–126

Dinzelbacher, P., Neues und Altes über das mittelalterliche Fegefeuer: Bayerisches Jahrbuch für Volkskunde 2000, i. Dr.

Dinzelbacher, P., Nova visionaria et eschatologica: Mediaevistik 6, 1993, 45–84

Dinzelbacher, P., Reflexionen irdischer Sozialstrukturen in mittelalterlichen Jenseitsschilderungen: Archiv für Kulturgeschichte 61, 1979, 16–34

Dinzelbacher, P., Religiosität/Mittelalter: Dinzelbacher, Mentalitätsgeschichte 120–137

Dinzelbacher, P., Revelationes (Typologie de sources du Moyen Age occidental 57), Turnhout 1991

Dinzelbacher, P., Sterben/Tod – Mittelalter: Dinzelbacher, Mentalitätsgeschichte 244–260

Dinzelbacher, P., The Ways to the Other World in Medieval Literature and Art: Folklore 97, 1986, 70–87

Dinzelbacher, P., Vision und Kunst im Mittelalter, Darmstadt 2000

Dinzelbacher, P., Vision und Visionsliteratur im Mittelalter, Stuttgart 1981

Dinzelbacher, P., Visioni e profezie: Lo spazio letterario del medioevo II, Roma 1994, 649–687

Dinzelbacher, P., Von der Welt durch die Hölle zum Paradies. Eschatologisches Theater und seine mittelalterliche Herkunft: Welttheater, Mysterienspiel, rituelles Theater (Wort und Musik, Salzburger Akademische Beiträge 15), Anif 1992, 129–137

Dinzelbacher, P./Kleinschmidt, H., Seelenbrücke und Brückenbau im mittelalterlichen England: Numen 31, 1984, 242–287

Dods, M., Forerunners of Dante, Edinburgh 1903

Dünninger, E., Politische und geschichtliche Elemente in mittelalterlichen Jenseitsvisionen, Diss. Würzburg 1962

Edwards, W., A Medieval Scrap-Heap, Edingburgh 1930

Eligh, P., Leven in de eindtijd. Ondergangsstemmingen in de Middeleeuwen, Hilversum 1996

Ellis, H. R., The Road to Hel, Cambridge 1943

Emmerson, R. K., Antichrist in the Middle Ages, Washington 1981

Enfer et paradis (Les cahiers de Conques 1), Conques 1995

Erffa, H. M. v., Ikonologie der Genesis, München 1989/95

Félice, Ph. de, L'autre monde, Paris 1906

Fidjestøl, B., Sóljarljódh. Tyding og tokingsgrunnlag, Bergen 1979

Fleischhack, E., Fegfeuer, Tübingen 1969

Fournié, M., Le Ciel peut-il attendre? Le culte du Purgatoire dans le Midi de la France (1320 environ–1520 environ), Paris 1997

Frappier, J., Châtiments infernaux et peur du diable, d'après quelques textes français du XIIIe et du XIVe siècle: Cahiers de l'Association Internationale des Etudes Français 3/4/5, 1953, 87–96

Graf, A., Il mito del paradiso terrestre, ND Roma 1982

Grimm, J., Deutsche Mythologie, Berlin [3]1878 = Frankfurt 1981

Grimm, R. R., Paradisus coelestis, paradisus terrestris, München 1977

Guadalajara Medina, J., Las profecías del anticristo en la edad media, Madrid 1996

Guiance, A., Muertes medievales. Mentalidades medievales, Buenos Aires 1989

Guiance, A., Los discursos sobre la muerte en la Castilla medieval (s. VII-XV), Valladolid 1998

Gurjewitsch, A. J., Das Weltbild des mittelalterlichen Menschen, Dresden 1978

Gurjewitsch, A. J., Himmlisches und irdisches Leben. Bildwelten des schriftlosen Menschen im 13. Jahrhundert, Berlin 1997

Hallgren, S. / Söderberg, B., Mellan himmel och helvete, Stockholm 1970

Hammerstein, R., Diabolus in musica, Bern 1974

Hammerstein, R., Die Musik der Engel, Bern 1962

Hanska, J., „And the Rich Man also died; and He was buried in Hell". The Social Ethos in Mendicant Sermons, Helsinki 1997

Heer, F., Abschied von Höllen und Himmeln, Eßlingen 1971

Henke, J., Dantes Hölle. Erklärung der Höllengliederung und Höllenstrafen, Dortmund 1911

Himmelfarb, M., Tours of Hell. An Apocalyptic Form in Jewish and Christian Literature, Philadelphia 1983

Holböck, F., Fegfeuer. Leiden, Freuden und Freunde der Armen Seelen, Stein a. R. ²1978

Izydorczyk, Z. (Hg.), The Medieval Gospel of Nicodemus, Tempe AZ 1997

Jezler, P. (Hg.), Himmel, Hölle, Fegefeuer. Das Jenseits im Mittelalter (Katalog), Zürich 1994

Kampert, O., Das Sterben der Heiligen. Sterbeberichte unblutiger Märtyrer in der lateinischen Hagiographie des 4. bis 6. Jh.s, Altenberge 1998

Klimkeit, H.-J. (Hg.), Tod und Jenseits im Glauben der Völker, Wiesbaden 1978

Kretzenbacher, L., Legendenbilder aus dem Feuerjenseits, Wien 1980

Lanczkowski, G., Die Inseln der Seligen und verwandte Vorstellungen, Frankfurt 1986

Landau, M., Hölle und Fegfeuer in Volksglaube, Dichtung und Kirchenlehre, Heidelberg 1909

Lang, B./McDannell, C., Der Himmel. Eine Kulturgeschichte des ewigen Lebens, Frankfurt 1990

Lange, W. (Übers.), Christliche Skaldendichtung, Göttingen 1958

Le Goff, J., Die Geburt des Fegefeuers, Stuttgart 1984

Lecouteux, Cl., Geschichte der Gespenster und Wiedergänger im Mittelalter, Köln 1987

Lerner, E. u. J., Devils, Demons, Death and Damnation, New York 1971

Lett, D., De l'errance au deuil. Les enfants morts sans baptême et la naissance du Limbus puerorum aux XIIe-XIIIe s.: Fossier, R. (Hg.), La petite enfance dans l'Europe médiévale et moderne, Toulouse 1997, 77–92

MacCulloch, J. A., Early Christian Visions of the Other-World, Edinburgh 1912

Malkiel, M. R. L. de, La visión de trasmundo en las literaturas hispánicas: Patch, H. R., El oltro mondo, México 1956, 371–449

Matsuda, T., Death and Purgatory in Middle English Didactic Poetry, Cambridge 1997

Mayer, A., Fegefeuer und Bettelorden. Päpstliches Marketing im 13. Jahrhhundert. Ein Beitrag zur Analyse der Unternehmensgeschichte der katholischen Kirche unter Einsatz der Franchisetheorie, Marburg 1996

Meer, F. van der, Apokalpyse, Freiburg i. Br. 1978

Mew, J., Traditional Aspects of Hell, London 1903

Minois, G., Die Hölle, München 1996

Möbius, F. (Hg.), Der Himmel über der Erde, Leipzig 1995

Moe, M., Samlede Skrifter III, Oslo 1927, 248–359

Murray, J., Dante and Medieval Irish Visions: An Irish Tribute to Dante on the 7th Centenary of his birth, Dublin 1965, 57–75.

Nilsson, M. P., Straf och sällhet i den andra världen in förkristen religion, Stockholm 1937

Nuñez, M./Portela, E. (Hgg.), La idea y el sentimiento de la muerte en la historia y en el arte de la Edad Media, Santiago de Compostela 1988

Os, A. B. van, Religious Visions. The development of the escatological elements in mediaeval English religious literature, Amsterdam 1932

Owen, D. D. R., The Vision of Hell. Infernal Journeys in Medieval French Literature, Edinburgh 1970

Palmer, N., Visio Tnugdali. The German and Dutch Translations and their Circulation in the Later Middle Ages, München 1982

Pascal, C., La morte e l'aldilà nel mondo pagano, ND Genova 1987

Patch, H. R., The Other World according to the Descriptions in Medieval Literature, Cambridge/Mass. 1950 = 1970

Peters, E., Quellen und Charakter der Paradiesesvorstellungen in der deutschen Dichtung vom 9. bis 12. Jh., Breslau 1915 = 1975

Prest, J., The Garden of Eden, New Haven 1981

Rathjen, H.-W., Die Höllenvorstellungen in der mittelhochdeutschen Literatur, Diss. Freiburg 1956

Rießler, P., Altjüdisches Schrifttum außerhalb der Bibel, Heidelberg ²1966

Ringbom, L.-I., Paradisus Terrestris. Myt, Bild och Verklighed, Helsingfors 1958

Rubio Tovar, J., Literatura de visiones en la Edad Media románica. Una imagen del Otro Mundo: Etudes de lettres 4. ser. 3, 1992, 53–73

Rüegg, A., Die Jenseitsvorstellungen vor Dante und die übrigen literarischen Voraussetzungen der „Divina Commedia" I, Einsiedeln 1945.

Russell, J. B., A History of Heaven, Princteon 1997

Schilp, Th. (Hg.), Himmel, Hölle, Fegefeuer. Jenseitsvorstellungen und Sozialgeschichte im spätmittelalterlichen Dortmund, Dortmund 1996

Schilp, Th., Tod und Jenseitsvorsorge in der mittelalterlichen Stadt, Duisburg 1995

Schmitt, J.-C., Die Wiederkehr der Toten, Stuttgart 1995

Schmitt, J.-C., Heidenspaß und Höllenangst, Aberglaube im Mittelalter, Frankfurt 1993

Seymour, St. J. D., Irish Visions of the Other-World, London 1930 = 1970

Simek, R., Altnordische Kosmologie, Berlin 1990

Simek, R., Erde und Kosmos im Mittelalter, München 1992

Simon, U. E., Heaven in Christian Tradition, London 1959

Strömbäck, D., Resan till den andra världen: Saga och Sed 1976, 15–29

Stuart, D., The Stage Setting of Hell: Romanic Review 4, 1913, 330 ff.

Stüber, K., Commendatio animae. Sterben im Mittelalter, Bern 1976

Sutto, C. (Hg.), Le Sentiment de la Mort au Moyen Age, Montréal 1979

Tardiola, G., I viaggiatori del Paradiso. Mistici, visionari, sognatori alla ricerca dell'Aldilà prima di Dante, Firenze 1993

Taylor, J. (Hg.), Dies irae. Death in the Middle Ages, Liverpool 1984

Tihon, P., Fins dernières: DS 5, 1962, 355–382

Vanderjagt, A., Bouw en ordening van aarde en heelal. Geografie, fysica, kosmologie: Stoffers, M. (Hg.), De middeleeuwse ideeenwereld 1000–1300, Heerlen 1994, 145–170

Verbeke, W. u. a. (Hgg.), The Use and Abuse of Eschatology in the Middle Ages, Leuven 1988

Voigt, M., Beiträge zur Geschichte der Visionenliteratur im Mittelalter, Leipzig 1924 = New York 1967.

Vorgrimler, H., Geschichte der Hölle, München 1993

Vos, Chr. M., De leer der Vier Uitersten, Amsterdam 1866

Walker, D. P., The Decline of Hell. Seventeenth-Century Discussions of Eternal Torment, London 1964

Walter, Ph. (Hg.), Le mythe de la chasse sauvage dans l'europe médiévale, Paris 1997

Weberberger, R., Limbus puerorum: Revue de theologie ancienne et médiévale 35, 1968, 83-133, 241-259

Winkler, Himmel: HDA 4, 1932, 3-16

Winkler, Hölle: HDA 4, 1932, 184-257

Wright, Th., St. Patrick's Purgatory, London 1844

Xella, P. (Hg.), Archeologia dell'inferno. L'Aldilà nel mondo antico vicino-orientale e classico, Verona 1987

Zaleski, C., Otherworld Journeys. Accounts of Near-Death Experience in Medieval and Modern Times, New York 1987